DE BADEN AU DRAKENFELS — RÉCITS ET DIVAGATIONS

HISTOIRE
D'UN
HOMME ENRHUMÉ

ET AUTRES HISTOIRES

PAR P.-J. STAHL

HETZEL

PARIS
LIBRAIRIE DE L. HACHETTE ET Cie
RUE PIERRE-SARRAZIN, N° 14

1859

HISTOIRE

D'UN

HOMME ENRHUMÉ

BRUXELLES. — TYP. DE Ve J. VAN BUGGENHOUDT,
Rue de Schaerbeek, 12

DE BADEN AU DRAKENFELS — RÉCITS ET DIVAGATIONS

HISTOIRE D'UN HOMME ENRHUMÉ

ET AUTRES HISTOIRES

PAR P.-J. STAHL

PARIS
LIBRAIRIE DE L. HACHETTE ET Cie
RUE PIERRE-SARRAZIN, N° 14

1859

INTRODUCTION

LES DOUZE PIGEONS DE MON VOISIN

J'ai pour voisin de campagne, dans le petit pays où je me suis retiré, un bon et aimable garçon, Pierre de P..., mon compatriote, et l'un de mes plus anciens camarades d'enfance. Je l'avais connu riche. Le hasard me le fit retrouver il y a quelques mois après l'avoir perdu de vue pendant de longues années. Ce n'était plus le brillant dandy dont le luxe avait occupé Paris. Il était à peu près ruiné, mais il avait remplacé par beaucoup de philosophie la fortune qu'il avait follement dissipée.

Grand sportman autrefois, ses succès sur le turf et sa passion pour les bêtes en général, et pour les chevaux en particulier, avaient amené la perte presque totale de son patrimoine.

De chevaux, il n'en pouvait être question pour lui désormais ; la médiocrité de son revenu lui interdisait d'y songer et il s'était rabattu sagement sur un goût moins dispendieux. Il avait fait de sa maison un colombier, elle était pleine de pigeons. Ces oiseaux et trois vieux chiens, débris de ses meutes passées, suffisaient à son bonheur. Il vivait satisfait entre les aboiements de ceux-ci et les roucoulements de ceux-là.

Un commissionnaire de chemin de fer lui apporta, un matin que je me trouvais chez lui, un panier d'osier recouvert de toile de façon à ce que l'air pût y pénétrer, mais non la lumière.

A cette vue, la figure de mon voisin s'éclaira. Tout était devenu distraction dans sa vie monotone.

« Bravo ! s'écria-t-il, voilà les pigeons que j'attendais de France.

— Eh quoi ! lui répondis-je, encore des pigeons !

— Ceux que je vais te montrer ne me ruineront pas, me répliqua-t-il, je ne les garderai guère. Tu vas voir ! »

Et, prenant le panier :

« Viens au haut du jardin. »

Quand nous fûmes arrivés sur le plateau d'une

petite éminence qui dominait le pays, il défit les cordes qui entouraient le panier et enleva subitement la toile qui lui servait de couvercle.

Le panier contenait douze beaux pigeons que la vue de la lumière sembla étonner d'abord plutôt que ravir. Le toit de leur prison venait de disparaître. On eût dit qu'ils ne pouvaient croire à cet enchantement, et ils montraient ce touchant embarras que doivent éprouver des prisonniers que la liberté vient tout à coup surprendre après une étroite captivité.

Ils se remirent cependant bientôt un peu.

Plus résolu que ses compagnons, l'un d'entre eux se hasarda à sauter sur l'anse du panier. Les autres, voyant qu'il ne lui arrivait aucun mal de cette hardiesse, prirent courage à leur tour et se perchèrent à l'envi sur les murailles de leur prison.

Ils comprenaient enfin qu'ils étaient libres. Mais il faut croire qu'il manquait quelque chose d'essentiel à cette liberté; car ils ne s'empressaient pas d'en jouir et se contentaient de battre des ailes avec une agitation qui paraissait tenir de la fièvre plus encore que de la joie.

Il aurait fallu être aveugle et sourd à la fois pour ne point deviner le sens de leur émotion. Il était clair que leurs regards inquiets interrogeaient les lieux environnants et que le résultat de leur examen était loin de les satisfaire. Leur anxiété était grande. Ils se voyaient dans une contrée inconnue, et se questionnaient vivement sur le parti à prendre.

Si jamais pantomime fut éloquente, ce fut bien celle de ces douze pigeons! il n'était pas un mouvement de leurs intelligentes petites têtes qui ne voulût dire : « Nous ne sommes point ici chez nous; où sommes nous? »

Dès qu'il leur fut prouvé qu'ils n'en savaient rien et qu'ils ne l'apprendraient pas en demeurant perchés sur les bords de leur panier, leur hésitation cessa brusquement. Ils prirent leur vol, sans plus attendre, tous à la fois. On eût dit un faisceau de flèches emplumées qu'une main puissante aurait lancées au-dessus de nos têtes.

Quand ils furent parvenus à une hauteur suffisante pour pouvoir de là embrasser l'immensité des airs, il me parut qu'ils tinrent encore entre eux une sorte de conseil. Ils tournoyaient et se croisaient en tous sens, scrutant des yeux l'espace et se rapportant mutuellement leurs observations.

« Ils cherchent leur direction, me dit Pierre. Sois tranquille; ce ne sera pas long. »

Cela ne fut pas long, en effet; déjà ils étaient d'accord, déjà leur regards — mais n'étaient-ce bien que leurs regards? — avaient fait reconnaître aux pauvres petits voyageurs involontaires le chemin de la patrie perdue.

Leurs ailes s'agitèrent à l'unisson, leurs roucoulements se confondirent, ce ne fut plus qu'un chant, un hymne à la France sans doute, un salut au pays aimé, et ils partirent rapides comme le vent.

Je suivis des yeux aussi longtemps que je le pus, à travers les profondeurs du ciel, le nuage noir que formait à l'horizon le petit bataillon ailé regagnant à tire-d'aile nos frontières.

« Dans deux heures, me dit Pierre consultant sa montre, c'est-à-dire à midi et demi, mes douze gaillards auront revu leur pigeonnier. Mais que diable as-tu donc? Tu as l'air morose et pensif! Le spectacle d'une bande de pigeons voyageurs est-il donc si lugubre?

— Mon Dieu, non, lui répondis-je. C'est plein d'intérêt au contraire, et je n'ai rien; que puis-je avoir?

— Tu n'as rien, et tes yeux sont pleins de larmes! » reprit le bon Pierre comprenant tout à coup le sentiment qu'avait réveillé en moi cette petite scène.

Jetant alors d'une main le panier aux pigeons dans le coin d'un hangar, de l'autre il me prit le bras et m'entraîna affectueusement vers sa maison.

Quand je fus arrivé sur le seuil, je ne pus m'empêcher de me retourner une dernière fois vers le point de l'infini où le nuage fugitif s'était effacé.

« O mes souvenirs, me dis-je, ô mes pensées, vous êtes ces oiseaux que leur instinct ramène toujours vers la France, et je ne suis, moi, que votre prison, que le panier, qu'on a pu rejeter dans un coin. Heureux oiseaux, après tout, et aussi heureuses pensées, votre vol du moins défie les distances et passe par-dessus les frontières! »

Ami lecteur, fais bon accueil à mes pauvres oiseaux; moins heureux que ceux de Pierre de P..., ils ne retrouveront plus là-bas leur pigeonnier; et, si tu ne leur faisais pas une petite place dans le tien, ils n'auraient peut-être d'autre ressource que de revenir à leur prison d'ici. N'est-ce point assez que je l'habite?

P.-J. Stahl.

1858.

PREMIÈRE PARTIE

HISTOIRE D'UN HOMME ENRHUMÉ ET AUTRES HISTOIRES

DE BADEN AU DRAKENFELS

RÉCITS ET DIVAGATIONS

DE GEORGES DE C...

I

LICHTENTHAL. — LE DOCTEUR X. — QUESTION DES NEZ ET DES MOUCHOIRS. — LE PETIT PAUL.

Il n'est pas de voyageur, parmi ceux qui ont visité Baden, qui ne connaisse la belle et longue allée de vieux chênes qui conduit de la Maison de Conversation à Lichtenthal.

Dans la saison d'été de 18.., j'habitais, avec l'illustre et bon docteur X..., mon tuteur, un des jolis chalets plantés à mi-côte, qui dominent cette célèbre promenade.

Confié au docteur par mon père mourant à l'époque où, sortant du collége, j'allais entrer sérieusement dans la vie, j'avais eu le bonheur de trouver tout à la fois dans cet excellent homme un second père, un guide et un ami. Il consacrait, tous les ans, quelques semaines, ses vacances, à celui qu'il voulait bien appeler son enfant; et, pour condescendre au besoin de mouvement qui a toujours été un des signes distinctifs de ma nature, il consentait à voyager pendant le temps toujours trop court qu'il parvenait à arracher à ses travaux.

Toutefois, dans l'année où commence ce récit, le docteur, un peu fatigué, après un hiver trop laborieux, avait désiré se fixer à Baden pour la saison tout entière. Il me laissait, d'ailleurs, toute liberté de courir sans lui le pays.

A la grande satisfaction et aussi, je dois le dire, au grand étonnement de mon vieil ami, nous étions déjà depuis un mois à Baden, et je n'avais point encore usé de cette liberté.

Baden est un lieu enchanté. Ce mois avait

passé comme un rêve. Marcheurs intrépides, le docteur et moi, nous ne nous quittions pas. Nous partions le matin, tournant le dos, bien entendu, à la Maison de Conversation, pour faire des courses sans fin dans les montagnes. Le Baden de tout le monde est charmant; le Baden de quelques-uns, de ceux qui le parcourent à pied, qui fuient les endroits aimés de la foule, ce Baden-là est un lieu sans pareil. On y découvre réunies, comme en un abrégé sans défaut, les beautés que la nature a dispersées partout ailleurs. Nous rapportions de nos courses des appétits de paysan. Nous dînions non loin de notre chalet, dans les jardins bien connus de l'Ours, et, le dîner fini, nous allumions chacun un cigare. C'était alors que, pour nous reposer des marches sérieuses du jour, commençaient nos promenades du soir, qui se concentraient d'ordinaire entre le chalet et Lichtenthal, et, avec nos promenades, des causeries qui, souvent, nous faisaient oublier les heures et les distances.

Il est bon, il est sain pour un habitant des

villes de s'éloigner de temps en temps des préoccupations de la vie sociale. Ce qu'il y a de factice et d'artificiel dans les agitations de la foule apparaît mieux devant le travail toujours sincère de la nature. Que de fois, dans nos enthousiasmes plus vifs que réfléchis pour la vie de campagne, il nous arriva, au bon docteur et à moi, de tomber d'accord que le mauvais génie de l'homme avait pu seul le pousser à compliquer la question si simple de son exis- en s'entassant dans des villes!

Nous cheminions doucement un soir, mon vieil ami et moi, dans une des contre-allées de notre promenade favorite. De quoi parlions-nous, je ne le sais plus; je me rappelle seulement que la verve du bon docteur semblait inépuisable, lorsque tout à coup je le vis s'arrêter, se troubler, tourner et retourner avec inquiétude chacune de ses poches, puis se fâcher ou, tout au moins, s'impatienter.

L'inexorable vérité me force à dire que l'incident qui avait si subitement interrompu mon savant ami dans une des improvisations à la fois familières et élevées qu'il réservait d'ordinaire pour notre intimité, n'avait rien d'épique.

Il avait oublié son mouchoir, et se fût trouvé fort en peine si je n'en avais eu un, que j'avais heureusement conservé intact jusque-là, à lui prêter.

« Heureux les Grecs et les Romains, me dit M. X..., rendu bientôt à sa bonne humeur habituelle, ils ne se mouchaient pas! »

Et, se hâtant de répondre à un geste de surprise qui venait de m'échapper :

« Cela paraît prouvé, dit-il; Winkelmann l'explique par le climat, par la différence de température, par les bains de vapeur qu'ils prenaient chaque jour. Cela ressort surtout de ce que le mot *mouchoir* n'a pas de correspondant dans les langues anciennes et qu'il n'est pas un passage d'auteur grec ou latin qui fasse mention de cet indispensable et barbare accessoire de la toilette d'un homme civilisé à notre époque.

— Ce n'était pas pourtant, lui dis-je, mon cher

docteur, que les nez fussent plus rares alors que de nos jours. Chacun avait le sien aussi, sans doute, dans ces temps reculés, et les nez des premiers fils de Rome ont, si je ne me trompe, laissé une réputation d'évidence que n'a pu compromettre la découverte de leurs bustes mutilés par le temps jaloux. Plutôt que d'avoir recours à une négation aussi saugrenue que celle-ci : « Les Grecs, n'ayant pas de mouchoirs, ne se mouchaient pas, » ne feraiton pas mieux de dire tout de suite : « Les Grecs, n'ayant pas de mouchoirs, n'avaient pas de nez ? »

J'en étais là de ce propos, et j'attendais la réponse du docteur, que j'espérais avoir piqué au vif par l'énormité de mon argument, quand je m'aperçus que son attention ne m'appartenait plus.

Me montrant du doigt, sur le revers du chemin, un délicieux petit enfant rose et blond qui s'amusait à faire, sur un des bancs de la contre-allée, une provision de pierres blanches :

« Comment, me dit-il, comment le père qui a le bonheur d'avoir à lui ce charmant petit être, peut-il le laisser seul un instant, exposé aux voitures, sur le bord d'une route aussi fréquentée! J'ai cru tout à l'heure que l'équipage de cette vieille Anglaise, qui joue tant, allait le renverser et j'en ai encore le frisson.

— Bah! lui répondis-je, la mère ou la gouvernante ne sont pas loin sans doute. Regardez comme ce bambin a l'air tranquille! ne dirait-on pas qu'il sait qu'à défaut de sa mère ou de sa bonne, le devoir de Dieu est de veiller sur lui? Quant au père, je vous l'abandonne. Il est probablement, à l'heure qu'il est, à la salle de jeu. Les jolies petites bottes de ce baby, son superbe pantalon de velours flottant, sa blouse de soie serrée sous sa hanche par une ceinture brodée et son petit chapska emplumé disent assez qu'il appartient à un de ces Russes qui font l'admiration des bourgeois de Strasbourg par l'insouciance avec laquelle ils sèment leur or et leurs paysans sur la table du trente-et-quarante. »

L'enfant, se voyant regardé, avait suspendu son jeu :

« Mon cher petit, lui dis-je en le menaçant amicalement du doigt, ne traverse pas la route ; les chevaux pourraient te faire du mal et toutes les pierres blanches sont de ton côté. »

Et, comme il ne me répondait pas :

« Où est ta maman? ajoutai-je. Veux-tu que je te conduise vers elle? »

Le bambin, à ma voix, avait vivement relevé la tête ; ses grands yeux bleus s'étaient attachés sur les miens avec une expression indéfinissable. Il paraissait à la fois effrayé et ravi. Sa petite lèvre inférieure s'allongeait déjà comme s'il allait pleurer, et cependant son regard, limpide encore, brillait d'une émotion qui ressemblait à de la joie. On pouvait lire clairement sur son pur visage, tout plein de lumière et de transparence, le combat que se livraient en lui deux sentiments opposés.

L'indécision des enfants n'est jamais longue. Le sentiment, qui seul les fait agir, n'a pas les tergiversations de la raison. Celle du petit Russe cessa tout à coup. Un cri, un de ces cris de joie aigus et brillants qui ne peuvent s'échapper que du gosier des enfants ou de celui des oiseaux, soulagea sa petite poitrine qui commençait à se gonfler, ses bras se tendirent d'un geste vif et décidé, de notre côté; et, prenant, sans se soucier de la recommandation que je venais de lui faire, un rapide élan, il traversa la route en courant et se jeta éperdu dans mes jambes.

S'emparant alors d'un de mes bras avec le geste d'un petit sauvage qui ferait un prisonnier de guerre, il le serra de toutes ses forces dans ses deux petites mains crispées, et, après avoir poussé, dans une langue que je ne comprenais pas, une exclamation de triomphe :

« Maman, maman ! » s'écria-t-il en français.

Et, tout palpitant d'une émotion extraordinaire :

« Viens vite! papa est revenu. Je le tiens, il ne s'en ira plus! »

J'avais à peine eu le temps de m'étonner de

ce que ces paroles avaient d'inexplicable pour moi, quand une jeune femme que l'ombre portée par un des arbres du chemin nous avait cachée, jusque-là, se montra à nous.

En apercevant son fils dans les bras d'un inconnu, en l'entendant appeler cet inconnu « mon père ! » en voyant la joie folle du pauvre petit, qui me couvrait de baisers, — lesquels me parurent doux, bien qu'ils ne me fussent pas dus, — elle sembla comme pétrifiée.

Je fus pendant une seconde l'objet de son inquiet examen ; un sourire douloureux se dessina sur ses lèvres ; elle voulut parler, mais tout ce qu'elle put faire fut d'ouvrir les bras à son fils. Je me hâtai de le lui reporter et m'aperçus alors seulement que la mère et l'enfant étaient vêtus de noir.

Quand elle fut un peu remise :

« Monsieur, me dit-elle, mon pauvre enfant s'est trompé. Il cherche son père partout, depuis qu'il l'a perdu, et je vois qu'aujourd'hui, en vous apercevant, il a cru l'avoir retrouvé. »

S'asseyant alors sur le banc qui avait servi aux jeux de son enfant, elle le prit sur ses genoux, et, ne pouvant se contenir plus longtemps, elle fondit en larmes.

« Tu te trompes, mon Paul, lui disait-elle, tu te trompes, ton père n'est point là.

— Non, disait le cher petit, Paul ne s'est pas trompé. »

Des larmes remplissaient mes yeux. Le bon docteur s'efforçait en vain de dissimuler les siennes. J'eus grand'peine à faire comprendre au petit Paul que je n'avais pas le bonheur d'être son père. Il ne sentit qu'il se trompait que lorsqu'il vit qu'ayant salué respectueusement sa mère, nous allions nous éloigner.

« Puisque tu t'en vas d'un autre côté, me dit-il en me jetant un regard plein de reproche, tu n'es pas mon papa!

» Nous retournerons à Ems sans toi, — me cria-t-il encore, quand il comprit que bien décidément nous partions. »

Et il cacha ses sanglots dans le sein de sa mère.

Pourquoi ne le dirais-je pas? cette rencontre nous avait émus, M. X... et moi. Nous poursuivîmes longtemps notre chemin sans mot dire ; la petite voix de l'enfant était toujours dans nos oreilles.

« Quel abîme est-ce donc que la mort, pensai-je, pour que ce père séparé de son enfant n'ait pu sortir de sa tombe à ce touchant appel !

La nuit nous vint en aide pour cacher notre émotion. Ce fut M. X... qui rompit le premier le silence.

« Ne cherchez pas votre mouchoir, mon cher Georges, me dit-il, je l'avais gardé. Ce n'eût pas été de trop, pourtant, d'avoir chacun le nôtre ; l'erreur de ce pauvre orphelin et la douleur de cette belle veuve m'ont navré. »

Quand nous ne fûmes plus qu'à quelques pas de nos demeures, M. X... fit un effort pour reprendre notre discussion.

« Vous aviez raison, me dit-il, les Grecs se mouchaient. Ils se mouchaient, car ils pleuraient!

» Hélas! ajouta-t-il en s'efforçant de sourire, on se mouche partout, puisqu'on pleure partout, et je ne sais guère d'usage qui puisse être plus ancien que celui-là, car on naît en pleurant, et ce qu'on a de mieux à faire aussitôt qu'on est né, c'est donc de se moucher, ou tout au moins, de se laisser moucher. »

Il était tard. Ma pensée était ailleurs, je ne répondis pas à la sortie du docteur. J'étais décidé à abandonner à d'autres le soin de vider d'une façon tout à fait péremptoire cette grande question des mouchoirs qui avait failli m'intéresser.

M. X..., me voyant préoccupé et espérant vaincre ma résolution, fit contre mon silence une tentative nouvelle. Il mit en campagne une troupe fraîche.

« On assure, ajouta-t-il, que les deux tiers de la Russie, que cinquante millions d'hommes par conséquent, lesquels ne sont pas pourtant des barbares tout à fait, n'ont pas d'autre mouchoir que... »

J'interrompis mon vieil ami.

« Ne parlons pas des Russes, lui dis-je, épargnons-les, ce soir du moins, cher docteur.

— Ce soir, demain, et toujours si cela peut vous être agréable, mon cher Georges, » me répondit-il.

J'avais essuyé tout le feu de mon adversaire; nous rentrâmes chacun dans nos lignes.

II

OPINION DU DOCTEUR SUR LES LARMES DES FEMMES. — HISTOIRE DE LA PREMIÈRE LARME. — JE QUITTE BADEN.

Le lendemain, fatigué du poids de la journée, que j'avais passée seul, la correspondance du docteur l'ayant empêché de sortir avec moi, je me reposais sur un des bancs de l'allée de Lichtenthal, sur celui où, la veille, nous avions laissé l'enfant et sa mère. M. X... vint s'y asseoir à mes côtés.

« Georges, me dit-il, que pensez-vous des larmes?

— Des larmes? et que voulez-vous que j'en pense, cher docteur? J'ai pleuré quelquefois, vous le savez mieux qu'un autre, mon ami ; mais je ne me suis jamais interrogé de façon à avoir quoi que ce soit de bon à répondre à votre question.

— Nous disions vrai hier, reprit le docteur. Si la douleur n'est pas aussi vieille que le monde, il s'en faut de bien peu. La première larme dut être versée sur le seuil même du paradis par notre commune mère.

» Que contenait cette larme type qui allait frayer la voie à tant d'autres? Fut-ce le regret de son bonheur perdu ou le sentiment de ses torts, fut-ce le dépit ou le remords d'avoir mérité sa chute qui la fit jaillir de l'œil d'Ève, où n'aurait jamais dû briller que le chaste sourire de l'innocence? Qui pourrait le dire?

» Adam, chassé du paradis, par la faute de sa femme, devait être d'une assez triste humeur. Je me l'imagine marchant, sans oser se retourner, devant l'ange au glaive de feu, et se disant, sans doute, que tout n'est pas rose dans le métier de mari.

» Ce ne fut qu'arrivé aux confins du paradis, alors que la voix redoutée du messager de la colère céleste cessa de gronder à ses oreilles, qu'il s'aperçut du silence inaccoutumé de sa compagne.

» Celle-ci le suivait à distance. Le bruit de son pas craintif se faisait à peine entendre dans l'immense solitude qui s'ouvrait devant les deux proscrits.

» — Elle se tait, pensa Adam, elle a raison. Que pourrait-elle dire?

» Il n'eût pas été fâché de savoir quelle attitude avait la Femme devant le triste résultat de sa faute; mais il sentait instinctivement aussi qu'il serait bon pour sa dignité que l'embarras des premières paroles fût laissé à la coupable.

» Ève, de son côté, réfléchissait profondément :

» — M'aime-t-il, se demandait-elle, celui qui

m'abandonne à ma douleur, et qui, tout entier à sa peine, ne songe point à me consoler ? »

» Et un soupir s'échappa de sa poitrine oppressée.

» La nature, dont rien, jusque-là, n'avait troublé la sérénité, écouta avec stupeur cette première plainte de la première femme. La terre inquiète frémit sur son axe et les nuages effarés s'enfuirent à l'occident.

» Cependant Adam ne se retournait pas.

» — Ah ! c'est trop fort ! s'écria Ève indignée.

» Et un sanglot lamentable — (il y avait peut-être dans ce sanglot autant de colère que de chagrin, et il devait en être ainsi pour que ce sanglot fût un vrai sanglot de femme) — un sanglot, dis-je, s'échappa de son sein, en même temps qu'un torrent de larmes s'échappait de ses yeux.

» Le bruit étrange, le bruit inouï de ce sanglot fit tressaillir le premier homme. Ému malgré lui, il porta vivement la main sur son cœur.

» Que ressentait-il donc ? quel pouvait être le sens de ce cri déchirant, qui éveillait en lui une sensation à la fois si douce et si pénible? Il n'hésita plus. D'un mouvement plus rapide que la pensée, il se trouva auprès d'Ève éplorée, et, l'enlevant dans ses bras robustes comme un père l'eût fait de son enfant, il la déposa sur le revers d'une colline et se trouva tout naturellement à ses pieds.

» — Ève, s'écria-t-il, épouvanté à la vue de la contraction singulière qui altérait les suaves contours du beau visage de sa charmante compagne, Ève, ma chère Ève, qu'avez-vous?

» Et deux grosses larmes, deux de ces larmes saintes qui s'efforceraient en vain de demeurer captives sous la paupière de l'homme qu'émeut la tendre compassion, tombèrent des yeux du premier homme.

» Tout était oublié.

» D'une part, Adam connaissait la pitié; de l'autre, Ève comprenait la puissance des pleurs. Le sort de l'humanité était désormais fixé. Le sourire ingénu d'Ève pardonnée, disait assez que c'en était fait de la supériorité de l'homme

Il avait suffi à la femme de pleurer, pour que fussent perdus à toujours les avantages de notre prétendue force. Avec quelques larmes, Ève avait comblé le double abîme de sa faute et de sa faiblesse.

» Ce fait, tout en donnant une date précise à l'origine des larmes, montre, à n'en pas douter, que c'est au beau sexe que revient l'honneur d'une découverte dont il a depuis tiré un si brillant parti.

» Dieu me préserve de médire des larmes, mon cher Georges, mais permettez-moi de constater, par l'antique exemple de notre premier père, que l'homme qu'émeut vivement la vue d'une femme en pleurs appartient à cette femme. »

Et, comme je ne lui répondais pas :

« Il devrait être défendu aux filles d'Ève de pleurer, ajouta-t-il ; toute larme qu'une femme répand devant un homme, est une violence morale qu'elle exerce sur lui, et, quelle que soit la femme qui pleure, et si sacrés que paraissent les motifs de ses larmes, il est sage de s'en défier. »

Et, comme je laissais encore cette assertion sans réponse :

« Vous me forcez au monologue, ce soir, ajouta-t-il. Ne m'avez-vous pas compris, mon cher Georges? »

Je serrai vivement la main du bon docteur; mon regard lui demandait grâce sans doute pour mon silence, car il n'insista pas; et, comme le froid du soir devenait un peu vif, nous nous levâmes pour reprendre la route de notre demeure.

Arrivés à notre porte :

« Mon ami, dis-je au docteur, je vous fais mes adieux. Je vais faire une absence de quelques jours; je pars demain...

— Que Dieu vous conduise et vous garde! me répondit M. X... Vous allez à Ems, mon enfant? »

Mon vieil ami m'avait deviné.

III

DIGRESSION ET DIVAGATION A L'USAGE DES LECTEURS QUI NE SONT PAS PRESSÉS. — THÉORIE DE L'ORDRE ET DU DÉSORDRE.

Dans un voyage en Suisse que j'avais fait quelques années auparavant avec mon cher docteur, nous nous étions perchés, un jour, lui et moi, sur le point le plus élevé de la dent de Jamant. Nous nous reposions des fatigues de l'escalade en laissant nos regards errer d'un côté sur toutes les magnificences de la nature, de l'autre sur toutes ses horreurs, admirant que le chaos fût si rapproché du paradis ; notre causerie avait remonté de la création à son auteur : nous avions donné à l'œuvre et à l'ouvrier les éloges que l'un et l'autre méritaient.

« Tout est logique dans la nature, me disait le docteur, et, pour qui veut approfondir ses secrets, il ne s'y trouve pas d'anomalie. Ces montagnes entassées les unes sur les autres; ces rochers qui ne tiennent qu'à un fil et que l'abîme attend; ces pics qui porteraient le monde; ces précipices affamés dont les mâchoires avides semblent guetter quelque proie colossale; l'avalanche que la tempête peut leur jeter en passant; les volcans refroidis non moins que les volcans en feu, tout cela, c'est aussi bien l'ordre que le repos de la plaine. Ce qui effraye à notre droite, ce qui resplendit à notre gauche; les convulsions de la nature de même que ses sourires, qu'est-ce que tout cela, sinon le résultat du jeu régulier que Dieu a assigné à tous les rouages qui font mouvoir l'univers? De quoi se compose la paix de la vallée, sinon de la victoire que la montagne remporte sur les vents? Quand nous apprenons qu'il y a eu quelque part un tremblement de terre, l'épouvante nous saisit, nous levons au ciel des bras désespérés, nous crions que la fin du monde est proche! Nous sommes fous. Ces apparents bouleversements ne sont que les palpitations nécessaires à la vie de cette admirable pendule qu'on appelle le monde. »

Le bon docteur avait raison. Mais mon avis est que, si Dieu n'avait fait que le monde matériel, il ne serait, en effet, qu'un horloger sublime, inventeur, tout au plus, du mouvement perpétuel, d'un chronomètre perfectionné, capable de se remonter tout seul.

Heureusement pour sa renommée, et plus encore pour le bonheur des hommes et la confusion de leurs puérils raisonnements, dans ce grand corps, Dieu a mis une âme, non moins grande, et plus parfaite encore; si bien que ce que l'on peut dire du monde des choses se peut et se doit affirmer aussi du monde des idées. L'ordre moral n'est certes pas moins grand, ici-bas, que l'ordre physique : les idées, voire les plus incohérentes à première vue, ont toujours quelque part, dans quelque recoin mystérieux de la pensée humaine, leur cause, leur raison d'être. Si cette raison ne nous saute pas toujours aux yeux, cela tient uniquement à l'infirmité de notre vue intérieure.

Évidemment, le désordre n'est et ne peut être qu'apparent; évidemment, de ce que la preuve de l'ordre nous échappe, il ne suit pas que cet ordre n'existe point. Si, dans l'univers créé, la somme du désordre l'emportait pendant une heure seulement sur la somme de l'ordre, je ne fais pas le moindre doute que cette heure ne fût en même temps celle d'un cataclysme général.

Eh quoi! dira-t-on, les trônes renversés, les empires détruits, les vieilles institutions ébranlées jusque dans leurs fondements, les dieux succédant aux dieux, les révolutions succédant aux révolutions, ces avortements gigantesques, ces enfantements sublimes ou monstrueux, ce bruit, moins que cela, cette fumée, c'est de l'ordre?

Oui, et incontestablement. Et pourquoi non? Le sang des hommes n'est pas compté dans le prix de revient de certaines richesses qui n'ajoutent rien, sans doute, au bonheur de l'humanité; nous ne craignons pas le bruit de la poudre et les éclats de la montagne écartelée, si la mine doit en sautant faire jaillir des entrailles fumantes de la terre, la parcelle d'or et l'étincelle de diamant que vous voulez mettre au doigt de la femme que vous aimez, et vous marchandez le moindre des efforts qui doivent accroître le trésor moral de l'humanité!

Vous reconnaissez qu'il est impossible, dans l'ordre physique, d'obtenir du sol le plus fertile, pour un grain de blé qu'on lui confie, un épi sans déchirer ce sol, et vous ne comprenez pas que le terrain des idées ait besoin, lui aussi, pour être fécondé, des blessures salutaires du soc de la charrue!

Vous appelez révolution ce qui n'est qu'une évolution indispensable nécessitée par votre résistance, et catastrophe, ce qui était écrit dans les desseins de Dieu; qu'importent vos jugements!

Les tremblements de terre ne sont que des efforts de la nature physique obéissant aux lois de son équilibre; les révolutions ne sont autre chose que les tremblements de terre de la nature morale cherchant, elle aussi, son niveau. Ces événements, qui bouleversent vos petites passions individuelles, ne troublent pas plus l'ensemble des choses qu'un grain d'émétique n'agite un corps malade, et leur fonction est probablement la même.

Les gens qui rêvent l'immobilité sont des athées sans le savoir, des amis du néant, des apôtres de la mort, seul symbole sérieux de l'immobilité humaine. Ce rêve insensé de paralysie universelle, nous l'avons entendu faire plus d'une fois à des gens qui applaudissaient à la pensée humaine enchaînée et qui crieraient à la tyrannie si on leur interdisait, ne fût-ce que pour huit jours, l'usage de leur petit doigt.

IV

SECONDE DIGRESSION, OU LE LECTEUR QUI NE VOUDRA PAS PERDRE TOUT A FAIT LE FIL DE CE RÉCIT FERA BIEN DE ME SUIVRE. — SAGESSE DES FOUS ET DES ENFANTS. — UNE NIÈCE DE CHARLES NODIER. — QUEL EST LE FRUIT DU CHÊNE?

La première fois que je vis jouer aux échecs, mon étonnement fut grand. J'étais au collége et je n'avais jamais joué qu'aux dames ou aux dominos, dont la marche uniforme et régulière me paraissait la seule qu'on pût raisonnablement attendre de petits morceaux de bois ou d'ivoire, et j'étais encore convaincu que la ligne droite est, en toute circonstance, le chemin le plus court d'un point à un autre. Toutes mes idées furent troublées quand je vis les fous sauter, que dis-je! cabrioler, enjamber les cases à tort et à travers, contre toute règle de moi connue.

« Certes, pensai-je, si ces capricieuses évolutions ont leurs lois, ces lois doivent être soumises à des calculs prodigieux. »

Rien n'était plus simple cependant et je sais de reste, à l'heure qu'il est, que, jeu pour jeu, un fou, sur un casier d'échecs, est un personnage aussi sensé qu'un roi et qu'une reine, et que sa conduite est aussi pure que celle du double blanc lui-même sur une table de marbre.

Ce petit fait me donna à réfléchir; et, quand j'eus devant moi des gens dont les discours me paraissaient décousus, des faits qui me semblaient incohérents; quand il m'arriva enfin de m'épouvanter de l'incroyable confusion qui semblait régner dans l'amalgame d'idées contradictoires que chaque jour voit éclore, je me rappelai plus d'une fois mes premiers étonnements devant un échiquier et le bon sens de ces prétendus fous, pour ne rien condamner à la légère.

Devant les individus, je me disais :

« Ils parlent par ellipses, voilà tout. »

Ou bien :

« Chacun d'eux n'est qu'une note ; c'est l'ensemble seul qu'il faudrait juger. »

Devant le bruit de la foule :

« Qui sait! pensais-je, cette musique est peut-être superbe ; mon tort est sans doute d'être trop près des instruments, trop près des événements pour l'entendre comme elle doit être entendue. Écouté de plus haut et de plus loin, cet apparent charivari est peut-être plein d'ineffables harmonies ; car, enfin, quel est le chef de cet immense orchestre? N'est-ce pas Dieu? Dieu ne saurait être un mauvais musicien. »

Étudiez les enfants. A les voir passer d'une idée à une autre avec une agilité dont nos hommes politiques devraient être jaloux, peut-être croyez-vous qu'il n'est point de fil pour un pareil labyrinthe et que les cailloux blancs du petit Poucet lui-même ne sauraient suffire à faire retrouver le chemin de la cabane où se rassemblent les groupes épars de leurs jeunes idées; détrompez-vous.

Les enfants pensent très-vite, si vite, que l'expression ne peut suivre leur pensée. On les dit mobiles, ils ne sont qu'abondants, et, si l'art des transitions leur est inconnu, c'est qu'ils n'aiment point le temps perdu. Pour ce qui est de leur logique, c'est-à-dire de la suite qui est au fond de leurs petites volontés et qui se cache sous leurs propos les plus incohérents, elle vaut la nôtre, pour le moins.

Charles Nodier avait une nièce dont l'esprit, quand elle était tout enfant, était plein de promptitude, de saillies, et en quelque sorte de précipitation. Il se promenait, un jour, avec elle dans une forêt plantée de chênes.

« Quel est le fruit du chêne? lui demanda-t-il.

— C'est le cochon, » répondit l'enfant sans hésiter.

Un autre que l'excellent Nodier eût bondi devant cette réponse. Il en fallait davantage pour étonner le malin Franc-Comtois.

Nodier trouva la réponse parfaite, plus que parfaite, et il eut bien raison.

C'était, en effet, mieux qu'une réponse. C'étaient deux réponses en une seule. Du même coup l'enfant n'avait-elle pas prouvé qu'elle savait d'abord ce qu'on lui demandait, et qu'elle savait, en outre, quelque chose de plus qu'on allait peut-être lui demander aussi : c'est-à-dire que, le fruit du chêne étant le gland, le gland était la nourriture du cochon.

Mais, pour une ellipse de ce genre, ellipse si intelligible, quelque forte qu'elle soit d'ailleurs, combien nous échappent à toute heure du jour dont des sens plus fins ou seulement plus patients que les nôtres auraient la perception !

V

SUITE DES DEUX PRÉCÉDENTES DIVAGATIONS, AUTRE EXEMPLE. — MADEMOISELLE THÈCLE ET LE PETIT CHAPERON ROUGE. — THÉORIE DE LA GALETTE.

Ce que je viens de raconter d'une nièce de Nodier me remet en mémoire un autre petit fait dont la place est ici puisqu'il vient en aide à ma démonstration. Un enfant me le fournit encore.

J'avais accepté en 184. (ce n'est pas hier!) j'avais, dis-je, accepté la mission épineuse d'amuser pendant une demi-heure une petite personne qui dès lors était assez difficile à fixer, et de détourner son attention, pendant cette longue suite de minutes, d'un événement important qui s'accomplissait dans la maison de ses parents et qu'on prétendait lui cacher.

Cette petite personne, âgée de quatre ans déjà, n'était pas de celles auxquelles on fait accroire aisément que des vessies sont des lanternes, et sa petite mine sérieuse et réfléchie disait assez que, toute fille d'Ève qu'elle était, les balivernes n'étaient pas de son goût.

Je résolus donc, pour accomplir mon mandat à la satisfaction de la famille qui m'avait fait l'honneur de me le confier, de raconter quelque chose de grave à ma petite amie, et, craignant non sans raison de ne rien pouvoir tirer de moi-même qui fût digne d'un auditoire aussi raffiné, je pris dans la bibliothèque du grand-père de mademoiselle Thècle, — c'est le nom de la demoiselle avec laquelle j'avais accepté ce délicat tête-à-tête, — je pris, dis-je, les *Contes* de Perrault et les ouvris à l'endroit du plus tragique de tous, à la page où commençait l'histoire émouvante du *Petit Chaperon-Rouge*.

A tous ses mérites le conte de Perrault joignait, par grande fortune, pour la petite Thècle, celui de la nouveauté. Cette histoire terrible ne lui avait point encore été racontée. La meilleure éducation d'une fille de quatre ans ne saurait être complète.

Sûr de mon effet, je commençai donc :

« Il était une fois une belle petite fille de village..., etc., etc. »

Je dois rendre justice à mon auditoire : tant que dura ma lecture, et j'eus soin de la faire de la voix lente et pénétrée qui convenait à un si grave sujet, il me prêta la plus bienveillante attention. Les coudes appuyés sur sa petite chaise à bras, le cou tendu vers moi, les yeux fixes, mademoiselle Thècle témoigna, par son immobilité, du profond intérêt qu'excitait en elle ce palpitant récit. Ses regards, ses beaux grands regards d'enfant ne quittèrent pas mes lèvres, et, quand je fus arrivé au dénoûment, je ne pus douter que toutes les péripéties du drame terrible qui venait de se dérouler devant elle n'eussent frappé ses esprits attentifs.

Sa bouche rosée s'était bien un peu pincée au début du conte, en signe de réserve; mais peu à peu elle s'était entr'ouverte; puis, enfin, l'intérêt croissant, elle s'était ouverte si franchement, qu'elle avait oublié de se refermer. Il y avait cinq minutes au moins qu'avaient retenti à son oreille ces effroyables paroles :

« Le méchant loup se jeta sur le petit Chaperon-Rouge et le mangea ! »

par lesquelles se termine la déplorable aventure du trop confiant petit Chaperon, et elle semblait écouter encore.

« Eh bien, lui dis-je intrigué de ce silence prolongé qui n'était pas dans ses habitudes, et quelque peu inquiet de l'effet qu'avait produit ma lecture, eh bien, Thècle, que penses-tu de ce conte? n'est-ce pas là une belle et amusante histoire?

— Oui, me répondit Thècle, dont les traits se détendirent et dont l'enthousiasme éclata tout à coup; oui, mon Georges. Ah! qu'il est gentil, ce petit loup!

— Ce petit loup! m'écriai-je, ce petit loup! Qu'est-ce que tu dis donc là, malheureuse petite Thècle? Ce n'est pas le loup qui est gentil, c'est le Chaperon...

— Non, non. C'est le petit loup, répliqua Thècle avec cette fermeté douce que peut seule inspirer une conviction profonde.

— Mais tu n'y penses pas, chère mignonne! m'écriai-je renversé par cette singulière et inattendue réponse, qui bouleversait toutes mes idées sur les conclusions morales du chef-d'œuvre de Perrault. Ce méchant loup ne peut pas te paraître intéressant, c'est le traître de la pièce, c'est un vil scélérat. Il a mangé la grand'maman du petit

Chaperon, il a mangé le petit Chaperon, il a tout mangé...

— Non, reprit Thècle, pas la galette! »

Et, reprenant son dire et le confirmant avec l'inexorable entêtement de l'enfance :

« Ah! qu'il est gentil, ce petit loup! » répéta-t-elle.

Je confesse que je tombai, là-dessus, dans des abîmes de rêverie; je regardais avec une sorte d'effroi le frais et candide visage de ma petite interlocutrice; la tête du sphynx ne m'eût pas paru plus chargée d'énigmes et de mystères. « Quel est l'enfant, me disais-je, de cette fillette de quatre ans qui me dit sans broncher ce qui me paraît une monstruosité, ou de moi que parviennent à troubler ses propos saugrenus? Que se passe-t-il dans ce petit cerveau? et par quel renversement de toutes les lois naturelles la sympathie de cette âme ingénue se tourne-t-elle vers le bourreau et non sur ses victimes? « AH! QU'IL EST GENTIL, CE PETIT LOUP! » Qui m'expliquera ces inexplicables paroles? »

Fort heureusement pour moi et pour la bonne opinion que je tenais à conserver de la raison et du cœur de sa fille, la mère de Thècle rentra sur ces entrefaites.

« Tenez, mademoiselle, dit-elle en embrassant Thécle, voilà la bonne galette que maman avait promise à sa petite Thècle si elle était bien sage avec son ami Georges, et j'espère qu'elle l'a été.

— Tu vois, mon Georges, le petit loup n'avait pas mangé la galette, » me dit d'un air à la fois amical et majestueux, mademoiselle Thècle en mordant dans la sienne.

Je comprenais une partie de la vérité et le côté galette s'illuminait pour moi, je l'avoue. Restait la bonne opinion émise sur le loup.

« Qu'importe! répondis-je, mademoiselle, cela n'empêche pas qu'avec ses grandes dents il avait mangé une bonne grand'mère et sa petite fille, et que ça n'était pas bien.

— Le petit loup avait trop faim, mon Georges, me dit Thècle en me jetant un regard dont la suprême innocence aurait dû me désarmer.

—Trop faim, m'écriai-je, trop faim, ah! c'est trop fort!

— Ah çà! me dit la mère de Thècle, m'expliquerez-vous votre dialogue avec ma fille? Savez-vous que je commence à craindre que les choses ne se soient pas passées honorablement entre elle et vous, en mon absence? »

Et, procédant à la façon d'un juge d'instruction:

« Voyons, dit-elle, Thécle, es-tu contente de ton ami Georges?

— Oui, dit Thècle, Georges est gentil aussi.

— Parbleu! pensai-je, le loup l'est bien.

— Bon! dit la mère, ce n'est pas de ce côté qu'on se plaint. A votre tour, parlez, monsieur Georges. Est-ce que vous n'avez pas été content de ma fillette?

— Ma foi, dis-je, ma chère amie, dussé-je vous affliger, j'en aurai le cœur net et vous saurez jusqu'à quel point est dérangée la tête de cette bizarre petite personne-là. »

Je lui racontai alors l'usage que nous avions fait de notre demi-heure, Thècle et moi.

Mon récit achevé :

« N'est-ce que cela? dit la mère en riant. Mais, mon ami, dans la circonstance particulière où se trouvait ma pauvre Thècle, c'est la logique même de son âge et de sa situation qui a parlé par sa bouche. Ce qui a frappé Thècle dans votre lamentable histoire, et ce qui devait la frapper en effet, ce n'est pas que le loup ait mangé la grand'maman et l'imprudent Chaperon-Rouge, deux détails insignifiants pour une jeune personne de quatre ans, qui n'est point cannibale, mais qu'assiégeait pendant toute votre lecture une très-légitime préoccupation de galette; c'est qu'ayant faim à manger une vieille femme et un enfant, ce loup délicat ait eu le bon goût et le bon cœur de ne pas manger une galette, désormais sans défense, laquelle galette, dans l'esprit de Thècle, pouvait être celle-là même que je lui avais promise.

» Ce point, tout à l'honneur du loup, a dû être

pour Thècle, confiante d'ailleurs dans ma promesse, le point lumineux de votre histoire !

» Il n'y a eu de cruel dans tout ceci que vous qui, sachant que ma pauvre fille est, depuis quarante-huit heures, à une demi-diète, qui, chargé de faire oublier à la pauvre enfant l'heure du déjeuner par quelque propos agréable, et de nous aider à lui dissimuler que nous allions nous mettre à table sans elle, allez vous aviser de raconter à ce petit estomac creux les heureuses rencontres d'un loup pressé par la faim.

» Tenez, ma fille est un ange de vous trouver gentil, après le loup, vous qui venez de prendre un plaisir cruel à aiguiser ses petites dents avec vos histoires où l'on ne fait que manger, quand elle était dans l'attente deson petit repas; admirez-la et demandez-lui pardon. »

C'est ce que je m'empressai de faire.

Depuis ce jour, il fut acquis pour moi :

1° Que, quel que soit un livre, nous ne demandons jamais, comme la petite Thècle, qu'une chose à ses héros et à son auteur : c'est de vouloir bien laisser intacte notre part de galette;

2° Que les mères sont d'admirables avocats quand il s'agit de défendre leurs enfants;

3° Que tout finit par s'expliquer ici-bas.

VI

OU IL EST DÉMONTRÉ QU'IL N'Y A PAS UN MOT DE TROP DANS CE QUI PRÉCÈDE ET QUE CE QUI A PARU LE PLUS INUTILE ÉTAIT ÉVIDEMMENT NÉCESSAIRE. — TRAJET DE MAYENCE A COBLENCE. — CHANGEMENTS A VUE. — CHARIVARI DE NEZ.

Croit-on, par exemple, que, j'aie au début de ce récit, touché à cette vilaine question des nez et des mouchoirs pour mon plaisir et, que, si j'y rentre par la suite, ce soit de ma part un parti pris d'y revenir? S'imagine-t-on que j'aie choisi par goût ce sujet fâcheux et que je n'y aie point été tout naturellement conduit, au contraire, par les nécessités mêmes de la situation? On aurait tort. Qu'on en juge.

Le trajet de Mayence à Coblence est, j'en conviens, quelque chose de merveilleux. Séchan et Desplécbin, Diéterle et Cambon n'ont jamais mieux fait à l'Opéra, et il serait peut-être même équitable de dire qu'ils sont dépassés, en quelques points, par le grand décorateur qui a signé le célèbre panorama du Rhin.

C'est, en effet, une succession de décors admirables et de surprises de toutes sortes. C'est de Bingen à Stolzenfels, surtout, un spectacle véritablement magique et incomparable ; mais encore est-il bon, pour qu'on puisse consciencieusement en apprécier les beautés, que le lustre qui a mission de l'éclairer s'allume, et que la toile se lève. Or, il faut en convenir, bien que l'aveu soit pénible, ce théâtre sans pareil a un défaut. C'est, de tous les lieux qui s'offrent à l'admiration du public, celui qui en prend le plus à son aise avec ses admirateurs. Je n'en sais ni de plus capricieux, ni de plus irrégulier dans ses allures. Outre qu'il est fermé une grande partie de l'année, il arrive souvent, même en été, qu'il fait inopinément relâche, au grand désappointement des spectateurs naïfs qui, ayant payé leur place à l'entrée, et trouvé les portes ouvertes, ont compté en avoir pour leur argent.

Une indisposition, presque toujours subite, de l'acteur principal et nécessaire, une indisposition du soleil, annoncée d'ordinaire au dernier moment par son complice le brouillard, est, la plupart du temps, le prétexte dont on essaye de couvrir ces malencontreuses remises.

L'heureuse chance qui s'attache à mes pas me fut fidèle pendant ce trajet. L'Aurore ellemême s'était embarquée avec nous. Un des meilleurs bateaux de la Société de Cologne et Dusseldorf, le *Schiller*, devait nous porter dans son aimable compagnie de Mayence à Coblence en trois heures.

Le sourire de notre charmante compagne illuminait le pont; elle avait un regard pour chacun de nous. Ce ne fut qu'un cri quand on la vit si belle; les ballots eux-mêmes, les malles semblaient implorer qu'on les laissât en plein air.

« La traversée va être superbe! » disait-on de tous côtés. »

C'était à qui prendrait sur le pont la place la plus propice, c'est-à-dire la moins couverte. Les femmes, les enfants, les vieillards, les hommes graves et les voyageurs légers, les Anglais eux-mêmes, peu réputés en route pour leur affabilité, tous saluaient ce beau jour et lui souhaitaient la bienvenue.

La cloche du départ sonna, nous partîmes.

Mayence est incontestablement une des villes du Rhin qu'il est le plus agréable de quitter. Je n'en sais pas une qui fasse meilleur effet de loin. Ses charmes croissent à mesure qu'on s'en sépare. Je n'ai jamais été et je n'irai jamais à Jérusalem, mais je mourrai dans la croyance que la ville sainte doit ou devrait avoir quelque chose de l'aspect extérieur de Mayence. Mayence, en un mot, me représente tout à fait l'idée que je me fais de la cité de Dieu, gravée sur bois de poirier, imprimée et coloriée à Épinal. Les remparts formidables et les tours gothiques en grès rose qui servent de ceinture et défendent à tous l'entrée de cette ville libre, me rappellent le style architectural qui distingue les candides aquarelles du chef-lieu du département des Vosges.

Mayence déployait donc pour nous la plus précieuse de ses faveurs : elle acceptait nos adieux. Les moulins rangés en bataille qui barrent une partie du fleuve n'étaient plus qu'un point à mes yeux. Son Dôme sans façade disparaissait peu à peu dans un lointain vaporeux. Je jetai un dernier regard aux deux pâtisseries gigantesques qui coiffent ses deux têtes, et, ne voulant rien perdre du beau spectacle que me promettait le reste du voyage, je descendis dans le salon un instant pour acheter au sommelier un guide Joanne.

Quel ne fut pas mon étonnement quand, remontant sur le pont, mon acquisition faite, je m'aperçus que le spectacle avait disparu et qu'il ne restait plus rien à voir que les spectateurs eux-mêmes, contemplant avec stupéfaction le changement subit qui venait de s'opérer autour d'eux !

Nous venions d'être tout à coup assaillis, enveloppés par un de ces affreux brouillards qui ne se rencontrent que sur le Rhin. C'en fut fait, en moins de cinq minutes, du nez de tous les passagers ; en un clin d'œil le pont fut désert et l'on se mouchait dans le salon encombré, où chacun s'était réfugié, comme on ne se permet guère de le faire qu'au cinquième acte des mélodrames à succès.

Que faut-il de plus pour justifier tout ce qui précède? Ces bruits de nez, de nez de toutes les grandeurs, de tous les sexes, de tous les âges, de tous les dialectes, que dis-je! de tous les accents, qui semblaient s'être rassemblés de tous les coins du monde sur ce bateau, dans l'unique but de s'y faire entendre, ces bruits vous eussent-ils trouvés sourds et impassibles?

A quoi voulez-vous, cher lecteur, à quoi voulez-vous, plus chère lectrice, que pense un homme devant qui se mouchent tous ses semblables?

Obligé de subir ce douloureux supplice, j'essayais sagement de tirer parti de mon mal lui-même. Qui pourrait m'en blâmer? De réflexions en réflexions, j'en étais arrivé à imaginer tout un système sur ce que l'émission de tous ces sons pouvait avoir de particulier, suivant qu'ils étaient produits par un nez allemand ou par un nez français, par un nez russe ou par un nez anglais, quand la patience m'échappa. Lire, écrire ou penser était également impossible. C'était assourdissant, c'était déchirant, c'était révoltant, c'était à n'y pas tenir. Je remontai donc sur le pont, résolu à tout braver pour éviter ce charivari de nez dont Offenbach seul, dans ses dèsopilantes opérettes, eut pu, peut-être, tirer quelque profit.

VII

DE LA SUPÉRIORITÉ DES BROUILLARDS ALLEMANDS. — UNE IDÉE DU PURGATOIRE. — ÉLOGE DE LA PLUIE.

Un des effets du brouillard étant de faire perdre aux objets la netteté de leurs contours, le mât, la vergue, les cordages, les cheminées, les tables, la tente, les ballots amoncelés, la cage de la cuisine, celle qui sert de chambre au capitaine, et celle des fumeurs, tout avait pris sur le pont un aspect vacillant, tremblotant et indécis véritablement fantastique.

Le capitaine, juché sur le toit de la cuisine,

son observatoire favori dans les moments graves, et le pilote, couché sur sa roue, au haut de son estrade, ressemblaient à ces titubants fantômes de baudruche, gonflés d'oxygène, qu'on envoie inhumainement visiter les nuages dans les jours de réjouissance publique ; ils ne m'apparaissaient plus que dans un lointain fabuleux.

Je m'imagine que les brouillards du Rhin doivent donner une idée assez juste de ce que peut être le séjour intermédiaire et blafard qui attend beaucoup d'humains, dit-on, après leur mort, sous le nom de purgatoire.

C'est la nuit, une nuit réelle. Seulement, cette nuit, au lieu d'être noire, est grise, ce qui est pis.

Dans les nuits noires, on se résigne ; les yeux deviennent des instruments superflus, on les ferme, on prend son parti de cet aveuglement momentané, et tout est dit. On éprouve du moins un certain bien-être à se sentir dégagé pour quelque temps du soin d'y voir clair et de se conduire. Mais, dans la nuit que fait le brouillard, on a, sans compensation, tous les inconvénients de la cécité, car on voit encore qu'on ne voit rien, et c'est assez pour qu'on garde la tentation d'y voir toujours.

L'espoir irritant qu'en imposant à ses yeux l'effort douloureux de s'écarquiller dans ces ténèbres, on finira par avoir raison de l'obscurité, est, certes, un des supplices de ces nuits hors tour. Ce supplice serait peut-être tolérable, si l'on pouvait le subir à sec. Malheureusement, il se complique toujours de la prise d'un bain sans baignoire dont aucun expédient connu ne peut garantir l'infortuné que surprennent les brouillards du Rhin.

La pluie la plus violente est un ennemi naïf à côté de ces humides et perfides vapeurs. L'attaque de la plus furieuse averse est loyale du moins. On voit d'où partent ses coups, on peut s'arranger pour s'en défendre, si dans son arsenal on a un parapluie; ou l'on tend le dos, si l'on est désarmé. Le brouillard n'a pas cette franchise : plus rusé et non moins fort, il ne vous offre aucune alternative; il vous circonvient sans pitié par mille points à la fois et se rit également des parapluies et des plus ingénieux appareils de caoutchouc. Il ne se contente pas, en effet, de tomber sur votre tête, il surgit jusque sous vos pieds; si bien que, quoi qu'on fasse, on est toujours à sa merci.

Quand on a reçu ce qu'il est convenu d'appeler une bonne ondée, pour peu que l'on ait de quoi changer d'habits, le mal n'est pas grand; on sait ce que c'est, on a pris un bain dans un costume trop habillé; tant pis pour le costume, mais on ne meurt pas pour s'être inopinément rafraîchi. Le brouillard, lui, ne vous a pas laissé ce petit profit. C'est d'un air visqueux et malsain, c'est d'une atmosphère mi-partie vapeur et mi-partie fumée qu'il vous a oint et imbibé; ce mélange épais et subtil tout ensemble, huileux et glacial à la fois, ne quitte pas si facilement sa proie. Après s'être condensé sans vergogne à un pouce de votre nez, en nuages lourds et gras; après vous avoir enveloppé comme d'un manteau de papier gris mouillé; après avoir fait de votre tête, si vous avez le malheur de n'être ni chauve ni imberbe, une sorte de paquet d'étoupes spongieuses, il disparait tout à coup, c'est vrai, mais il vous laisse pour souvenir et pour adieu quelque implacable rhume de cerveau qui paralyse pour longtemps jusqu'à votre pensée. Craignez le brouillard en Allemagne !

Que si vous me demandez cependant la raison de cette incontestable supériorité du brouillard allemand sur tout autre brouillard, je vous répondrai que cette supériorité tient sans doute au génie particulier de la nation allemande. Jean-Paul a dit : « La Providence a donné aux Français l'empire de la terre, aux Anglais celui de la mer, aux Allemands celui de l'air, » et, par conséquent, du brouillard.

VIII

LES ALLEMANDS VUS DU MAUVAIS COTÉ. — DE LA SOLENNITÉ. — LE VRAI GAIN DES VOYAGES.

Pour peu qu'on ait voyagé en Allemagne, on sait que la solennité n'est pas ce qui manque aux Allemands. Si la solennité a une patrie, elle est Allemande.

En France la solennité, c'est-à-dire la gravité qui veut être vue, est une attitude qu'on ne s'avise guère de prendre qu'en public dans certaines occasions d'apparat où l'on croit bon de conformer son maintien aux sentiments qu'on veut mettre en évidence. L'Allemand, lui, est solennel dans les détails les plus familiers de la vie. Tout ce qu'il fait lui importe assez pour qu'il le fasse avec gravité. Il est majestueux pour son propre compte. Un Allemand tout seul n'éprouve aucun scrupule, aucun embarras à être solennel vis-à-vis de lui-même.

L'Allemand qui s'adresse la parole, se l'adresse avec considération ; sa bouche articule aussi consciencieusement les syllabes pour ses propres oreilles que pourrait le faire une bouche française pour le plus exigeant auditoire. Le vrai Allemand tutoie Dieu, mais il ne se tutoie pas ; il croirait tomber dans la trivialité et se manquer à lui-même s'il ne se disait pas *vous* dans les nombreux monologues qu'il a l'honneur de s'adresser.

Cette habitude de la dignité appliquée aux plus petites circonstances a quelque chose de particulièrement imposant pour l'étranger qui ne sait pas l'allemand. Ce qui sort des lèvres d'un des membres de la Confédération germanique est tout d'abord l'objet de son respect. S'il aperçoit deux Germains s'entretenant de la pluie ou du beau temps, la noblesse de leurs regards, la gravité suprême de leur voix, la grandeur de leurs gestes lui donnent à penser qu'il est en présence de deux sages faisant l'important échange de leurs idées sur les questions les plus ardues de la philosophie. Les Allemands causent peu, ce ne sont point des diseurs de sornettes, et leurs propos ne sont point propos en l'air comme ceux de la majorité du peuple français ; en revanche, ils semblent prêcher toujours. Ils montent en chaire pour se dire bonjour et en descendent pour se serrer la main ; je crois qu'ils ont le bonheur de naître tous professeurs. Quand on n'apprend rien dans la société d'un Allemand, ce n'est donc pas sa faute.

Je me suis laissé dire, par des Français qui avaient l'incroyable prétention de savoir l'allemand, que cette gravité n'est qu'apparente, qu'il y a autant de vide dans la tête d'un Allemand pensif que de frivolité dans celle d'un gamin de

Paris chantant la romance du *Sire de Framboisy*. J'ai refusé toute créance à ces méchants discours et c'est probablement pour ne pas perdre la grande idée que j'ai de tout ce qui est allemand que, malgré mon admiration pour la langue de Gœthe, de Schiller et de Jean-Paul, j'ai eu soin de ne pas suivre le conseil qu'on m'a souvent donné de l'apprendre. J'ai mieux aimé garder, avec mon ignorance, mon opinion que tous les Allemands qui parlent s'en acquittent comme les héros des poëmes et des drames de leurs immortels écrivains, que de m'exposer, en m'instruisant, au risque de découvrir que, si les Allemands sont moins légers que nous, ils n'en sont pas plus sérieux pour cela.

Si, en mettant le pied sur le bateau, j'avais été un voyageur moins novice en Allemagne, je ne me serais certes pas permis d'adresser sans façon, comme je le fis, la parole aux deux ombres perdues dans les nuages qui me représentaient, l'une le pilote et l'autre le capitaine ; j'aurais su qu'il est interdit sur tous les bateaux du Rhin de parler au PILOT (*sic*); j'aurais respecté le silence plein de pensées de deux mortels que leur position élevée et leur consigne auraient dû mettre à l'abri de mes interrogations familières ; je n'aurais pas ignoré qu'il est aussi difficile de faire parler un Allemand qui veut se taire que de faire taire un Allemand qui s'est accordé la parole ; j'aurais enfin attendu que les faits s'expliquassent assez éloquemment d'eux-mêmes pour comprendre, avec leur aide seulement, qu'une des agréables conséquences des brouillards du Rhin est d'arrêter net toute la navigation du fleuve et de forcer tous les bateaux qui le sillonnent à jeter l'ancre pour ne pas s'entre-couler. Je me serais ainsi épargné l'humiliation de demander, sans l'obtenir, l'aumône d'un éclaircissement aux deux muets en qui reposaient nos destinées, et j'aurais compris plus tôt qu'un homme en panne, dans les brouillards du Rhin, n'a rien à espérer de la terre ni des hommes et que c'est du ciel seul qu'il peut attendre la fin de son infortune.

Il n'est pas neuf de dire qu'on s'instruit en

voyageant et que les voyages forment la jeunesse; il est neuf peut-être d'admirer la sagesse de ces vieilles formules et de l'interpréter.

Oùi, les voyages forment la jeunesse! oui, on s'instruit en voyageant! C'est en voyageant, hélas! qu'on apprend, de façon à ne pouvoir en douter, que les hommes ne sont pas tous frères, qu'il suffit d'une barrière, de la couleur d'un drapeau ou d'un poteau, de la différence du langage pour mettre entre un homme et un autre homme un abîme; que, partout ailleurs que dans son pays, l'homme n'est qu'un solitaire; que la foule est le désert même pour l'étranger; que les cœurs les plus chauds sont de glace pour l'inconnu; que, là où la pitié l'accueille, la défiance le surveille, que dis-je! qu'il n'est pas jusqu'à son concours qui ne soit suspect à ceux mêmes qui en profitent...

Quel est donc celui-là qui en est réduit à se dévouer pour qui l'ignore? qu'y a-t-il derrière cet homme qui a fui son pays? que faut-il penser de cet enfant qui erre ainsi loin de sa mère?

Ce que le voyageur apprend bientôt, surtout, c'est l'ineffable regret du foyer paternel, c'est la douceur des amitiés absentes, c'est le souvenir constant de l'accent du pays, c'est la mémoire obstinée des lieux évanouis, c'est l'amour de sa patrie perdue, c'est l'incessant désir de ce qu'il a laissé derrière lui.

Voilà le vrai gain du voyage.

Les pieds sur leurs chenets, quelques-uns disent, quelques-uns chantent — chant impie! — qu'il n'est point de barrière et que la patrie est partout. Réponds à ces fous, voyageur! Proscrit, ne t'indigne pas!

IX

LES PEUPLES SE JUGENT SANS SE CONNAITRE.

Les nations, grâce à l'invention des chemins de fer, se connaîtront peut-être un jour et il peut se faire que, se connaissant, elles en viennent à s'aimer. Un Français saura alors ce qu'il peut attendre d'un Allemand et, réciproquement, un Allemand d'un Français. Jusqu'à présent, ce qu'on peut dire de mieux des rapports des étrangers entre eux, c'est qu'avec beaucoup d'efforts ils en arrivent à se supporter quand ils sont éventuellement mis en présence.

Cette ignorance où vivent encore les nations de leurs véritables caractères distinctifs ressort, pour peu qu'on voyage, des jugements qu'elles portent les unes des autres. Ces jugements sont loin d'être définitifs, ils ne reposent que sur des apparences. Il est à croire que la gravité allemande, par exemple, est une invention française, comme il est certain que la légèreté française est une invention allemande et anglaise.

Les écrivains allemands qui ont le mieux connu et le mieux traité l'esprit de leur pays s'accordent à dire que la gravité allemande n'est qu'une formalité. On me permettra de dire que la légèreté française n'est, dans son genre, qu'une question de forme. Il serait singulier que la nation qui a, jusqu'à ce jour, servi de remorqueur à l'humanité fût, en effet, la plus légère. Quoi qu'il en soit de ces fausses opinions qui s'établissent d'un peuple sur un autre, le mal qui en résulte n'est pas grand. Ces fictions sont bonnes à garder provisoirement; elles ont leur bon côté, elles nous aident à supporter d'un étranger ce que nous ne supporterions pas d'un ami. Tel s'arrange de la morgue d'un Allemand et rit du dédain grotesque des Anglais pour tout ce qui n'est pas anglais, qui serait incapable de la moindre longanimité vis-à-vis d'un compatriote.

Au lieu de me fâcher du silence obstiné, du silence prussien du matelot parvenu qui sert d'ordinaire de capitaine, je me trompe, de conducteur à ces gros omnibus d'eau qu'on appelle les bateaux du Rhin, je me bornai à mettre le tout sur le compte de la gravité allemande et fis vœu de me taire à mon tour, dût le bateau sombrer, faute d'un avis.

X

MÉDITATION.

J'étais fidèle à mon vœu. Je fumais philosophiquement, silencieusement, mon cigare sur le pont désert, pensant vaguement au but si vague lui-même de mon voyage et beaucoup à sa folie, satisfait plus que fâché peut-être d'un contretemps qui éloignait le terme d'une course que je n'aurais pas dû entreprendre. Je cherchais la raison de l'inexplicable entraînement qui m'attirait vers Ems, c'est-à-dire vers l'inconnu, comme si la raison pouvait être interrogée quand la passion et la fantaisie même sont souvent en peine de répondre. Je marchais en esprit à la suite de mon rêve, avançant et reculant tour à tour, ralentissant ou précipitant mon pas indécis, suivant que j'écoutais ou refoulais les suggestions de mon cœur.

La voix fraîche du petit Paul, étonnant et ravissant mon oreille de ce doux nom de père dont je n'avais jamais imaginé la douceur, les larmes de sa mère, le caractère étrange de la beauté de cette jeune femme, la grandeur évidente et la simplicité de sa douleur, l'adieu plein de tristesse de mon bon docteur quand je lui avais dit : « Je vais à Ems, » tout cela se disputait mon souvenir. Je me demandais de quel droit je me rapprochais de ce deuil sacré et si j'aurais la cruauté de le raviver par ma présence. Je ne me raffermissais dans ma route commencée qu'en me disant que je n'allais rien demander après tout, ni même rien offrir ; que je ne faisais qu'obéir au destin ; qu'aimer sans raison et sans but était le lot de mon âme sans doute, puisque j'étais sur ce bateau en quête de ce supplice; que je n'avais enfin le droit de me refuser ni les joies ni les souffrances d'un sacrifice dont mon cœur robuste mesurait sans épouvante l'étendue. Je bâtissais sur un atome, sur un des grains de poussière de l'allée de Lichtenthal, je ne sais quel avenir impossible de dévouement sans bornes, d'abnégation héroïque, d'amour idéal, heureux de ses seuls refus. J'étais plongé tout entier dans les délices de ce songe, qui sera compris de tous ceux qui se souviennent que la jeunesse est avide de tout et surtout peut-être de douleurs. — Il n'y avait plus de bateau sous mes pieds, plus de pilote muet et balourd, plus de capitaine silencieux et refrogné, plus de passagers grotesques fuyant et subissant l'influence du brouillard, plus de spectacle divertissant autour de moi. L'esprit d'examen avait disparu, la sensation absorbait tout et me rendait à ma nature allemande autant que française, il faut bien que j'en convienne. Je me croyais, je me sentais seul avec ma chimère, je la laissais voler autour de la fumée de mon cigare, j'admirais l'azur de ses ailes, son vol léger me faisait planer dans je ne sais quel monde meilleur, quand je fus rappelé tout d'un coup à la réalité par une exclamation que justifiait de reste, d'ailleurs, la manière même dont elle fut articulée, et averti ainsi que le brouillard avait encore une victime sur le pont sans me compter.

XI

OÙ L'ON ENTREVOIT L'HOMME ENRHUMÉ. — CONSÉQUENCE D'UN RÊVE DE JEUNESSE. — TRISTE SORT D'UN JOURNAL.

« *Baudit* brouillard! s'écriait à quelques pas de moi une voix à la fois piteuse et solennelle. *Baudit* brouillard! »

Découvert au milieu des vapeurs qui nous séparaient, le singulier personnage à qui venait d'échapper cette double imprécation m'eût paru fantastique, s'il eût été possible qu'un homme aussi enrhumé du cerveau que l'était évidemment celui-ci pût avoir quoi que ce soit de fantastique.

7.

C'était un très-grand monsieur, tout de noir habillé, moins sa cravate, dont la blancheur criait autour de son cou et détachait sa tête de ses épaules. Il était pâle et maigre et paraissait en deuil; on eût pu penser que c'était de lui-même, car il semblait une ombre plutôt qu'un corps. S'il n'eût parlé français, j'aurais pu croire, à sa mine fâcheuse, à la longueur exagérée de ses bras et à la courbure particulière de son nez, que j'avais devant moi le diable en personne, hôte assidu des bords du Rhin, au dire des légendaires. Mais je n'ai point entendu raconter que Satan se soit jamais permis de s'exprimer dans notre langue; est-elle trop verte ou trop claire pour lui? Je n'en sais rien. D'ailleurs, Satan enrhumé du cerveau et habillé comme un avoué de cour d'appel, c'était invraisemblable. Ce n'était donc point le diable! Alors qui pouvait-ce être?

Je me perdais en conjectures quand un pressentiment lugubre, un de ceux dont on est d'autant moins maître que rien ne les explique, traversant mon esprit, s'y logea tout à coup avec tant d'impétuosité, qu'il en chassa tous les autres.

« Il est impossible, me dis-je, qu'une créature du bon Dieu qui se tient sur un pont de bateau, par un temps pareil, dans une tenue d'audience ou de salon, sans manteau, ni paletot, ni couverture d'aucune sorte, puisse être autre chose qu'un honnête homme au désespoir, lequel, se croyant seul, se dispose, à la faveur du brouilllard, à faire un coup de sa tête et à se jeter par-dessus le bord. »

Un des rêves de ma jeunesse avait été qu'un jour viendrait, jour béni, où il me serait donné, dans une circonstance comme celle que je me complaisais à prévoir, de me jeter à l'eau tout habillé et de ramener mon prochain, mort ou vif, sur la rive. Je satisferai en ceci un homme justement célèbre, dont je comprends l'humeur contre les journalistes étourdis, que ses œuvres ont plus touchés que l'acte de courageux dévouement qui honore sa vie. Certes, il est mille dons que les plus favorisés mêmes peuvent envier à

M. Alphonse Karr; mais ce que je lui ai toujours envié par-dessus tout, pour ma part, c'est d'avoir sauvé son cuirassier.

Mon rêve allait-il se réaliser?

Je ne suis plus si jeune, puisque je me souviens déjà de l'avoir été davantage; mais, bien que je susse à quoi m'en tenir sur la solidité d'un certain nombre de mes rêves de jeunesse, je restai néanmoins à mon poste, disposé à faire une belle action, si elle devenait nécessaire.'

J'étais adossé à la chaudière, qui me faisait un fond noir sur lequel l'œil d'un aigle même n'eût pu me découvrir, et, de là, je pouvais tout voir sans être vu.

L'étrange pantomime à laquelle se livrait le passager qui était l'objet de mon attention n'était pas faite pour m'ôter mes soupçons. Ses regards erraient autour de lui avec une inquiétude qui ne témoignait que trop du désir qu'il avait de n'être vu de personne; sa main se portait alternativement à son front et à son cœur; il ôtait et remettait son chapeau avec une agitation visible; son œil était morne mais résolu.

Telle la cigogne mélancolique, au moment de partir pour des contrées nouvelles, jette, avant d'ouvrir ses ailes, un dernier regard sur la terre qu'elle abandonne.

Quand l'infortuné se fut bien assuré qu'il était seul, il s'approcha du garde-fou, sonda des yeux l'abîme que le brouillard trop complaisant semblait en quelque sorte rapprocher de lui pour qu'il fût mieux à sa portée; des paroles dont il eût été impossible de saisir le sens sortirent de ses lèvres; il fit un pas... Puis, comme s'il eût été retenu par une réflexion soudaine, mettant précipitamment la main à sa poche, il en retira, non sans peine, quelque chose qui semblait résister à son effort.

Était-ce un pistolet? Je le crus un instant. J'aurais compris qu'un homme qui veut mourir ne reculât devant rien pour assurer son sacrifice et demandât, pour plus de sûreté, au feu et à l'eau tout ensemble, la fin de ses misères. La vue de cet instrument de mort ne m'eût donc causé qu'une médiocre surprise. Mais j'étais réservé à un autre étonnement.

Ce que l'ombre avait tiré de sa poche avec tant de trouble, on m'excusera d'éprouver quelque embarras à le dire et j'eus, d'ailleurs, quelque peine à m'en rendre compte, c'était un journal!

Un journal! Certes, personne ne me suspectera d'être l'ennemi des journaux; il s'en imprime beaucoup sur notre globe, je voudrais qu'il s'en imprimât dix fois plus encore; je reconnais que la liberté qu'on laisse partout, à quelques-uns, d'imprimer leur pensée a du bon et je ne nie point que la presse ne soit un phare qui éclaire le monde, comme on s'est risqué à le dire quelquefois; mais j'avoue que je n'ai jamais bien joui de cette lumière de la presse quand elle n'était pas aidée, la nuit, par une ou deux bougies, et, le jour, par la clarté ordinaire du soleil. L'aspect d'un journal tiré d'une poche au milieu des ténèbres, en place d'un pistolet, par le mystérieux personnage qui m'occupait et déployé par ce personnage avec précaution dans toute son étendue, me plongea donc dans un océan de rêveries.

« D'une part, me disais-je, si incendiaire que puisse être une feuille publique, elle ne peut remplacer une arme à feu : on ne se brûle pas la cervelle avec un journal ; de l'autre, s'il est vrai que César s'enveloppa dans son manteau avant de recevoir le coup mortel, et que madame Roland se fit faire une robe blanche pour aller à la mort, il est sans exemple que personne se soit encore drapé dans un numéro de gazette avant d'en finir avec l'existence...

» Ou bien, me disais-je encore, l'être bizarre qui m'occupe aurait-il le don de voir dans les ténèbres? serait-il somnambule? et le hasard va-t-il m'apporter la preuve d'un des phénomènes les plus contestés du magnétisme? Mais est-il vraisemblable qu'une feuille quelconque ait à ce point fanatisé un de ses abonnés, fût-il deux fois somnambule, que l'infortuné se croie obligé de lire et peut-être même de relire le numéro de son journal avant d'entrer dans l'éternité?... »

Ce n'était pas le moment d'abandonner mon examen. Je ne perdis pas de vue, on me croira sans peine, un sujet d'observation aussi précieux. L'incident du journal m'intriguait; il ne tarda point, hélas! à s'expliquer, et j'avoue que la réalité dérouta mes prévisions.

« Si cet homme n'est pas tout bonnement un fou, me dis-je quand je fus enfin parvenu à comprendre le but de ses apprêts et la cause singulière du retard qu'il apportait à l'accomplissement de son dessein, s'il n'est pas fou, c'est tout au moins un des êtres les plus distraits de la création. Il est évident qu'il croit avoir tiré de sa poche tout autre chose qu'une feuille de papier imprimé.

» L'emploi naturel d'un journal n'est point, à coup sûr, celui que ce pauvre halluciné s'apprête à en faire. »

Mais le sage ne doit jamais s'étonner.

« Après tout, pensai-je, quand cet honnête homme voudrait se moucher une dernière fois avant de quitter la vie, où serait le mal? »

Et, me reprenant :

« Le mal ! il est quelque part cependant. Ce ne peut pas être sans raison qu'une créature faite à l'image de Dieu se résigne à faire d'une gazette son mouchoir ? Pourquoi cette incommode manière de procéder à une opération d'ordinaire aussi simple ? Pourquoi un journal ? »

Ma manie de trouver la raison de toute chose me fit imaginer, en dernier ressort, que l'acte de l'homme enrhumé pouvait bien être une vengeance contre la presse en général. Mais l'hypothèse ne résistait pas à la réflexion ; une vengeance de ce genre eût été puérile en face de la mort. Je me trompais encore...

Un bruit, bruit trop connu, mit fin à toutes mes conjectures ; l'acte de folie, que j'avais prévu, était consommé.

Mais il était écrit que, sur tout autre point, l'homme au rhume devait donner un démenti cruel aux plus sûres déductions de ma logique. Qu'on juge de mon désappointement, en effet, quand je m'aperçus qu'au lieu d'enjamber enfin la balustrade, il s'était mis à se promener paisiblement, et j'oserai dire doucement, sur le pont, comme quelqu'un qui n'a rien de mieux à faire et aucun autre projet dans l'esprit.

J'attendis une minute, puis deux, puis trois; mais c'était et ce fut tout, absolument tout; j'eus beau attendre, j'eus beau me frotter les yeux, le drame était à son dénoûment.

« Peste soit du brouillard et de sa fantasmagorie! m'écriai-je m'adressant dans mon dépit à l'homme enrhumé lui-même. Croiriez-vous bien, monsieur, que, depuis une demi-heure, je suis là les pieds dans l'eau, et la tête aussi, à vous examiner, que dis-je! à vous surveiller, avec la sotte pensée que vous étiez venu sur le pont pour en finir avec la vie...

» Qui diable aussi aurait pu s'imaginer que le but de vos allées et venues, de vos regards furtifs, de toutes vos précautions enfin et de tout votre mystère était de faire à un journal quelconque l'affront de vous servir d'un de ses numéros comme d'un mouchoir? »

XII

RÉPONSE DE L'OMBRE. — COMMENCEMENT DE L'HISTOIRE D'UN HOMME ENRHUMÉ. — PRÉSENCE D'ESPRIT D'UNE VIEILLE ANGLAISE.

« *Bossieur*, me dit l'ombre en me faisant un salut plein de courtoisie, mais avec une prononciation qui trahissait un rhume de cerveau arrivé à ses plus extraordinaires développements, prononciation que je n'essayerai pas de reproduire plus longtemps pour ne pas impatienter le lecteur ; — *bossieur*, je suis d'autant plus disposé à croire que je suis l'objet de votre examen, que cet examen, dont j'étais loin de m'expliquer les raisons, ne m'avait point échappé et m'avait, permettez-moi de le dire, singulièrement gêné...

— Quoi ! lui répondis-je, non sans quelque confusion, vous m'aviez aperçu?...

— Ne vous excusez pas, monsieur, me dit avec beaucoup de politesse l'homme au rhume ; bien qu'il ait été très-embarrassant pour un homme de ma nature que l'attention, même la plus bienveillante, a toujours intimidé, d'en être réduit à se moucher devant un témoin aussi attentif que vous et dans des conditions aussi contraires aux usages reçus, l'affaire du journal perdra beaucoup de sa gravité, à vos yeux, si vous voulez bien me faire l'honneur de croire que ce n'est pas chez moi une habitude de procéder comme je l'ai fait dans cette circonstance et que ce n'est que par une exception fâcheuse que...

— Dieu me garde d'en douter, monsieur ! lui répondis-je.

— Monsieur, reprit-il, le sort poursuit les uns à coups d'épée, les autres à coups d'épingle; heureux les premiers! Ils ne meurent qu'une fois. Je suis, hélas! parmi les seconds, et le petit fait qui m'a réduit au sot expédient auquel vous m'avez vu avoir recours en est une preuve, entre mille autres.

» Je tiens à vous le faire connaître.

» J'étais assis dans le salon d'en bas, comme tout le monde; j'éprouvais une sorte de satisfaction coupable à constater qu'il y avait des misères auxquelles je n'étais pas seul en butte; le spectacle de ce grand enrhumement qui n'avait épargné personne, sur le bateau, avait pour moi des consolations particulières; je m'amusais du dépit de mes compagnons d'infortune, moins cuirassés que moi contre les taquineries du sort, et j'avais même trouvé une distraction presque agréable dans les lamentations d'une vieille Anglaise que le destin avait placée à quelques pas de moi, et que le brouillard semblait avoir extraordinairement incommodée, quand tout à coup les regards de cette vieille Anglaise s'arrêtèrent sur moi avec un air de convoitise qui me troubla d'autant plus que j'étais à cent lieues d'en imaginer les motifs.

» Mon incertitude ne fut pas longue. La perspicace lady venait de me voir tirer un mouchoir tout blanc de ma poche, et, m'interpellant avec résolution, elle me faisait savoir que c'était ce mouchoir qui avait mérité son attention et qu'elle attendait de ma complaisance que je voulusse bien le lui céder comme supplément à tous ceux qu'elle avait déjà mis hors de service, à moins, daigna-t-elle ajouter, que je n'aimasse mieux, si je tenais trop à ce mouchoir, le lui prêter tout simplement avant de m'en servir...

» L'Anglaise m'avait présenté sa requête à voix haute, tous les yeux étaient fixés sur nous. Il fallait faire à mauvaise fortune bon visage. Je répondis à la vieille lady qu'il m'était également impossible d'accéder à l'une et à l'autre de ses propositions, mais que, la galanterie me faisant un devoir d'être toujours utile aux dames, je la priais d'accepter sans condition de payement ni de retour, et seulement comme un souvenir des brouillards du Rhin, l'objet de ses désirs.

» J'espérais être refusé, il n'en fut rien. Le rhume parlait plus haut que le *cant* anglais et la vieille lady, s'emparant sans plus de scrupule de mon mouchoir :

» — Oh! *yes*, me dit-elle en m'adressant un sourire plein de grandeur, je n'avais pas eu tort de choisir vooh. Je voyais bien que vooh étiez un véritable gentleman.

» Cet incident avait égayé tout le monde, excepté moi. Tous les lorgnons étaient braqués sur ma personne. Si une trappe avait pu s'ouvrir sous mes pieds, ou mieux, si le bateau avait pu sombrer tout à coup et engloutir en même temps que moi toute l'assistance, en commençant, bien entendu, par la vieille Anglaise, je crois que j'aurais remercié la Providence de m'arracher ainsi à l'intolérable supplice de ces regards moqueurs.

» Je n'étais pas au bout de mes maux. Après la société, la nature, elle aussi, a ses lois. Le brouillard avait aggravé mon infirmité. Je fus bientôt obligé de monter sur le pont avec l'idée douloureuse de tirer parti d'un journal que j'avais, par grand hasard, dans ma poche.

» Il m'avait fallu traverser tout le salon pour atteindre la porte. J'arrivai en trébuchant sur le pont. Mais, enfin, j'allais, je le croyais du moins, y trouver la solitude et pouvoir respirer et me moucher aussi tout à mon aise !

» Vous savez de reste, monsieur, que je m'abusais encore et qu'une nouvelle épreuve m'y était réservée. C'est sans reproche, croyez-le bien, et uniquement pour vous montrer avec quelle opiniâtreté le sort me poursuit, que je prends la liberté de vous le rappeler... »

J'adressai quelques mots de condoléance à mon singulier interlocuteur et lui exprimai que j'étais heureux, en tous cas, que sa présence sur le pont n'eût point eu les causes bien autrement sinistres que je lui avais attribuées.

« Pour ce qui est de cela, me répondit l'homme au rhume, vous n'étiez pas si éloigné de la vérité que vous semblez le croire maintenant. Un homme aussi enrhumé du cerveau que je le suis songe naturellement tous les jours à mourir, et je m'étonne d'avoir résisté jusqu'à présent à la pensée que j'ai eue mille fois de mettre fin, en effet, par une mort volontaire à ma triste existence. »

XIII

MAXIMA IN MINIMIS. — LA CABINE DES FUMEURS. — CONFIDENCES. — LETTRE DE LA FEMME DE L'HOMME ENRHUMÉ A SON MARI.

« La mort, lui dis-je, mon cher monsieur, c'est un bien gros remède, il me semble, pour un éphémère rhume de cerveau?

— Monsieur, reprit l'homme enrhumé après une pause pendant laquelle il parut réfléchir profondément, monsieur, il y a rhume et rhume. Si vous voulez bien me prêter votre attention, la bonne opinion que vous avez du rhume qui m'afflige ne tardera pas à se modifier, et vous tomberez d'accord avec moi que je n'ai que trop de raisons de songer souvent à me débarrasser du fardeau de la vie.

» L'histoire a dû vous démontrer que les plus grands effets avaient été quelquefois déterminés par les causes les plus futiles. Si l'époux d'Éléonore d'Aquitaine n'avait pas eu, un jour, la malencontreuse idée de couper sa barbe, ce qui fit voir à sa femme que le bas de sa figure était tout autre qu'elle ne l'avait imaginé, elle ne l'eût pas pris en dégoût, elle ne l'eût pas quitté, elle n'eût pas épousé ensuite le comte d'Anjou, duc de Normandie, plus tard Henri II d'Angleterre, elle n'eût point apporté à celui-ci en dot le duché d'Aquitaine, les Anglais n'eussent jamais rien eu à prétendre sur notre pays, la guerre de cent ans n'eût point eu lieu et il y eût eu une vierge de moins dans l'histoire, celle d'Orléans, la glorieuse Jeanne d'Arc, ce qui eût été un grand déchet pour nos annales. Eh bien, monsieur, si, dans la vie des nations, ces phénomènes peuvent se produire, à plus forte raison comprendrez-vous que, dans la vie des individus, les circonstances les plus humbles, les plus grotesques, si vous le voulez, puissent amener fatalement les plus douleureux résultats. Quand un homme est en proie au sort jaloux, la chute d'un grain de sable peut peser plus lourdement sur sa vie que sur celle d'un autre la chute d'une montagne.

» Si vous voulez venir dans la cabine qu'on réserve sur ces bateaux aux fumeurs, elle est libre en ce moment, nous allumerons chacun un cigare; je vous mettrai au courant de mon histoire, qui prouve une fois de plus que les petites misères en cachent souvent de bien grandes. Cette histoire n'est pas longue, mais elle est faite pour attendrir le galant homme qui n'eût pas reculé devant l'ennui de se jeter à l'eau par ce vilain temps pour en retirer un inconnu...

» Tel que vous me voyez, me dit mon interlocuteur, quand nous fûmes installés dans la cabine en question, tel que vous me voyez, monsieur, je parle du nez depuis ma plus tendre enfance.

» Si j'en croyais ma mère, cette infirmité ne serait cependant pas née avec moi. Elle serait le résultat d'un rhume que j'aurais attrapé à six mois en regardant imprudemment passer une procession, dans un costume un peu léger. On a toujours prétendu dans ma famille, et cela y avait acquis un caractère de notoriété, qu'avant cette fatale époque j'aurais parlé comme tout le monde si mon âge me l'eût permis. Quoi qu'il en soit, c'est à cette infirmité, contractée dès le berceau, vous le voyez, c'est à cette infirmité si petite en apparence, que je dois d'être le plus à plaindre des hommes.

» Je pourrais vous en donner mille preuves, chaque heure de ma vie m'en fournirait plusieurs au besoin ; mais je ne vous en donnerai qu'une pour ne point abuser de votre attention, et, d'ailleurs, cette preuve étant concluante, toute autre serait superflue...

» Après mille traverses, conséquences pour la

plupart du défaut de ma prononciation, je crus un jour avoir vaincu le destin, je me mariai. Ma femme était une bonne et estimable personne, pleine de goût, pleine de grâces et de distinction, et fort jolie aussi. Mais ce qui faisait son charme principal, c'était son extrême simplicité, son bon sens rare et son excellent naturel. Pendant six ans, je fus heureux ou, du moins, je crus l'être! Ma femme, que la ténacité de mon infirmité avait bien un peu contrariée d'abord, semblait en avoir pris son parti, et, les plus célèbres médecins de Paris m'ayant, d'ailleurs, déclaré inguérissable, j'avais, de mon côté, renoncé à tout espoir et pris en patience un mal qui, après tout, n'était point une maladie. Je me portais bien, et, pendant longtemps, ma femme se porta à merveille. Il y avait six ans que durait notre union quand je m'aperçus que sa santé commençait à s'altérer; elle était devenue extrêmement nerveuse et j'avais le chagrin de la voir depuis quelques mois maigrir, pâlir et changer à vue d'œil, quand, un matin, je trouvai sur mon lit la lettre que voici, qu'on y avait sans doute déposée pendant mon sommeil.

» Cette lettre, lisez-la; elle ne me quitte jamais; lisez, dit-il en insistant d'un geste qui eût rendu un refus difficile : elle est de ma pauvre femme. »

Je lus donc.

Cette lettre était ainsi conçue :

« Paris, le 18...

» Mon cher, mon bon, mon excellent mari, vous êtes le meilleur et le plus digne homme du monde, vous avez toutes les qualités, et peut-être toutes les vertus, qui peuvent faire le bonheur d'une femme raisonnable; je ne suis pas, de mon côté, une mauvaise créature non plus, vous le savez, et je ne crois pas manquer, d'ailleurs, de sens et de jugement... et pourtant je vous quitte!

» Quand nous nous sommes mariés, il n'était pas convenu que le rhume que vous aviez ce jour-là ne vous quitterait qu'avec la vie. Vous m'aviez dit — cela fut votre seul tort — vous m'aviez dit qu'il n'était qu'un accident et j'en avais pris mon parti, bravement, pour quelques semaines, quoiqu'il me fût bien dur déjà de voir que le soleil de nos amours ne pût faire défiger les glaces de votre cerveau.

» Mais, devant une infirmité aussi opiniâtre, je n'y peux tenir... Je cède la place à votre rhume. Hélas! il la mérite tout entière. Je mourrais épileptique, je mourrais, le mot n'est pas trop fort, je mourrais enragée, enragée de la vraie rage, je le sens bien, s'il me fallait un jour de plus m'entendre appeler par qui que ce soit : *ba bignode*, pour ma mignonne, — *ba bode abie*, pour ma bonne amie! — Quelle femme a été plus patiente que moi? quel cœur plus courageux que le mien? Dites-le vous-même. Quoi! tous les jours, pendant six ans, pendant six siècles, je me suis entendu demander, à mon réveil, « si j'avais bien » *dorbi*, ou si j'avais *bal* à la tête. » Quoi! pendant six ans, un homme, au lieu de me dire : « Je vous » aime, » mot si doux, m'a dit : « Je vous *aibe!...* »

Quoi ! je m'appelle Madeleine, et je me suis entendu, du soir au matin, appeler *Badeleine* sur tous les tons, et je ne serais pas excusable, et je serais coupable de fuir ce supplice sans pareil? Non, non. Je suis au bout de mes forces, bien plus que de ma bonne volonté, croyez-le... Je pars donc, je pars pour ne point mourir sous vos yeux.

» Adieu, mon ami. Je vous ai donné six ans de ma vie. Pendant ces six ans, pas un mot, pas une plainte n'a trahi ma souffrance et n'est venue doubler votre mal en vous le reprochant, en vous montrant ses ravages! Comprenez que je parte. Hélas! si votre rhume vous reste, mes vœux vous restent aussi; guérissez si vous le pouvez, c'est le plus vif désir de mon cœur. Dieu m'est témoin que rien autre chose ne nous sépare en ce monde que cette misérable infirmité. Guérissez et alors faites-le-moi savoir. Faites certifier dans les gazettes, par des médecins célèbres et honnêtes, que vous êtes radicalement guéri, que vous savez que la lettre M fait partie de l'alphabet et qu'elle se prononce autrement que la lettre B, et je serai alors toute à vous; autrement, non !

» Je ne vous dis pas où je vais, je ne le sais pas. Je vais ailleurs; je quitte les lieux qui m'ont vu souffrir, je fuis mon mal et ne m'arrêterai, si jamais je m'arrête, que dans un pays où les rhumes de cerveau seront inconnus, où une créature humaine qui parlerait du nez pourrait être montrée comme un phénomène.

» Votre désolée,

» MADELEINE. »

Quand j'eus terminé la lecture de cette lettre bizarre, je regardai le monsieur noir.

« Eh bien? me dit-il.

— Eh bien? lui dis-je.

— Eh bien, reprit-il, vous êtes convaincu? Un rhume de cerveau ne sera plus pour vous une plaisanterie. Quand un homme atteint de ce mal passera devant vous, vous vous direz : « C'est » peut-être une grande infortune qui passe! »

» Aveugle que j'étais, ajouta-t-il, je n'avais rien vu, rien pressenti, et je crois même qu'il m'était quelquefois arrivé de rire moi-même de mon état. Mais depuis... depuis, j'ai réfléchi, j'ai observé, je me suis rappelé, je suis descendu jusqu'au plus profond de ma conscience, et, après la douleur, la résignation est venue, la lumière s'est faite. Ma femme avait raison, mille fois raison, hélas! Dieu m'est témoin que j'ai compris sa lettre et que, si malheureux que j'aie été et que je sois, je ne suis point injuste pour elle. A sa place, je n'aurais pas eu peut-être sa persévérance. Cette lettre, si cruelle qu'elle soit, un ange comme celui que j'ai perdu a seul pu l'écrire. Elle eût pu, elle eût dû être plus cruelle encore. Ma pauvre Madeleine n'y a certes retracé que la plus petite partie de ses souffrances...

» Entre hommes, me dit-il à voix basse, on peut tout se dire; mais, enfin, chacun sait qu'un homme enrhumé du cerveau n'en est pas quitte pour parler du nez tant que dure le jour; personne n'ignore que son infirmité le poursuit jusque pendant la longueur des nuits et que son sommeil lui-même est encore un fléau pour les autres. Outre que l'infortuné est obligé de dormir toujours la bouche ouverte, il lui est, de plus, impossible de dormir... sans ronfler!

» Et cependant, pas un mot, dans cette lettre magnanime de ma pauvre femme, ne fait allusion à cette misère de ses nuits succédant à la misère de ses jours.

— Pour ce qui est de votre femme, lui dis-je, il ne m'appartient ni de la juger, ni d'être moins clément que vous. Mais, pour ce qui est de votre rhume, êtes-vous bien sûr qu'il soit, en effet, sans remède?

— Au point de vue de la vie de ménage et de famille, il n'en existe aucun, me répondit-il ; au point de vue de la vie publique, il en est un et je l'emploie.

» Ce qui est absurde, ce qui est ridicule dans ma situation, c'est sa permanence. J'ai trouvé le moyen d'ôter à mon rhume cet avantage sur moi. De même que le Juif errant, depuis que ma femme m'a quitté, c'est-à-dire depuis dix ans, je marche... je marche toujours sans m'arrêter jamais. Je voyage sans paix ni trêve et ne séjourne nulle part plus de vingt-quatre heures, si ce n'est dans les lieux peu ou point habités. Mon rhume, dès lors, n'est plus pour les autres qu'un accident. Personne ne s'en étonne, très-peu le remarquent, et, si j'en souffre autant, les autres en souffrent moins, me dit-il, avec un regard plein de douceur.

» Seulement, au rebours de ma femme, qui cherche un pays où les rhumes soient inconnus, je cherche de préférence, je l'avoue, ceux où j'ai la chance d'en rencontrer un plus grand nombre. Comme certains oiseaux, je hante les bords des marécages et j'erre volontiers autour des lacs. J'évite en route, autant que je le puis sans manquer aux convenances, de faire des connaissances ; je ne parle guère qu'aux vieux prêtres, aux vieux chantres, aux anciens procureurs, aux femmes qui ont quatre-vingts ans, aux Israélites mâles, et, en général, aux personnes qui portent des lunettes. J'ai observé que ces catégories d'individus ont tous un nasillement prononcé. Les étrangers dont j'ignore la langue, qui ne savent pas la mienne, me conviennent entre tous comme compagnons de route; le langage des signes n'a point d'accent. Les contrées sans soleil, les pays pluvieux, l'Angleterre, tout le Nord, quelques parties de la Russie, les rives des fleuves, les bords du Rhin, surtout dans cette saison, sont devenus mes promenades favorites, et, si je trouvais jamais une contrée où l'hiver fût éternel, l'hiver qui autorise et justifie tous les rhumes, une ville où tout le monde parlât du nez, j'y planterais certainement ma tente.

— Allez à Amsterdam, lui dis-je.

— Merci, me répondit-il, j'en essayerai. »

Puis, reprenant le fil de ses souvenirs :

« J'ai eu dans ma vie un jour de bonheur sans mélange. Un matin, ma femme se leva. Mon nom est Michel, elle m'appelait *Bichel!* »

« Elle aussi, elle était donc enrhumée!...

» Avec quel ravissement je l'écoutai parler du

nez comme moi-même! Mais ma joie fut courte, courte, hélas! comme son rhume. Le soir même, elle voulut que je la conduisisse au bal de l'Opéra. Il y faisait si chaud, qu'elle en revint guérie.

» Si vous saviez, reprit-il après un moment de silence, si vous saviez avec quel soin j'évitais les paroles qui pouvaient lui rappeler mon infirmité, quelle étude opiniâtre je fis de notre langue à cet unique point de vue, quel chemin, quels détours je faisais faire à ma pensée pour la traduire sans qu'elle eût à toucher les écueils maudits, la lettre M et la lettre N que je ne puis prononcer!...

» Savez-vous, s'écria-t-il, et n'est-ce pas encore fait exprès pour ou plutôt contre moi, savez-vous que ces deux lettres sont, de toutes les consonnes qui entrent dans l'alphabet, celles dont l'emploi est le plus fréquent, et que, dans toutes les langues, voire dans celles dont la première règle semble être de prononcer les mots autrement qu'on ne les écrit et de manger la plupart des lettres dont on surcharge l'orthographe, dans l'anglais par exemple (qui écrit Woolwich pour qu'on prononce Ouletch!)... savez-vous que, dans toutes les langues, ces lettres se prononcent obligatoirement sans presque jamais s'élider ou s'aspirer?...

» Non, répéta-t-il poursuivant de plus belle ce singulier monologue, que je n'osais interrompre à cause du soulagement que je voyais bien qu'il en retirait, non, on ne sait pas tout ce que peut souffrir un homme enrhumé à perpétuité!

» J'étais à peine haut comme ce pliant, que déjà j'avais, dans mon infirmité, ma raison d'être malheureux. Tous les enfants savent dire « ma mère ou maman! » Hélas, ma pauvre chère mère bien-aimée, je n'ai jamais pu l'appeler que « banban!... » Mais elle en riait, elle, et ne s'en choquait pas. Tout au rebours, elle me rendait, en m'embrassant avec un redoublement de tendresse, le nom même que je venais de lui donner; ce triste nom, elle en faisait une plus tendre caresse. J'étais son pauvre petit *Banban*, me disait-elle..... »

La voix du capitaine se fit alors entendre. Le brouillard allait se dissiper, le soleil se débarrassait des voiles qui nous l'avaient caché. Le jour semblait sortir d'un rêve; c'était comme une seconde aurore, la nature tout entière rouvrait les yeux, les rives renaissaient. C'était un réveil, une résurrection générale.

Le pilote avait repris son poste. Il frottait sa roue avec amour pour la dégager de l'humidité qui la couvrait; on eût dit un serviteur de la Fortune, jaloux de plaire à sa maîtresse et occupé à rendre son lustre à son principal attribut. Déjà les passagers remontaient sur le pont. Je serrai la main de l'homme enrhumé, m'abstenant de tout commentaire, et quittai ce digne homme, presque ému, après lui avoir dit que celui qui avait le pouvoir de délier la langue des muets trouverait juste, pour récompenser sa résignation, de faire un miracle en sa faveur et de rendre un jour l'air et la liberté à son nez, que je ne doutais point que ses embarras ne cessassent bientôt et que ses chagrins, par suite, n'eussent une fin prochaine.

« *Berci*, me dit-il, *berci!* que Dieu vous entende, *hobbe* sensible ! »

Le soleil avait décidément repris possession de l'horizon. L'homme enrhumé s'en rendit compte, et, me le montrant d'un air morose :

« Voilà le soleil, me dit-il en se dirigeant vers le salon, qui à son tour allait être abandonné, le soleil, *bod eddebi*, je *be* cache, (mon ennemi, je me cache) ; adieu. »

Il se cacha si bien, que la traversée tout entière se fit sans que je le revisse.

XIV

DE BINGEN A COBLENCE. — DE COBLENCE A EMS. — EMS A ONZE HEURES DU SOIR. — LE KURSAAL. — LA VILLA BALZER.

Je décrirai peut-être un jour les bords du Rhin ; pour aujourd'hui, je m'en abstiendrai. Il sortira ainsi quelque chose de bon des brouillards qui nous avaient assailli. Ils auront sauvé de mes descriptions ceux qui n'eussent point aimé à les lire, et m'auront épargné de les faire.

Bieberich, Eltville, le Johannisberg, le Rothemberg, Geisenheim, Rudesheim, Ehrenfels, Bingen et son trou (Binger Loch), Asmanshausen, Rheinstein, Falkenburg, Sonneck, la Heimburg, Lorch, la Fürstenburg, le Stahleck, Baccharach, la Pfalz, Schœnberg, Ochsenthurm (la tour des Bœufs), Oberwesel, Lurlei, Rheinfels, die Maus und die Katz (le Chat et la Souris), Saint-Goar et Saint-Goarshausen, die Brüder (les Deux Frères), Boppard, Braubach et Marxburg, le Kœnigsstuhl, Oberlahnstein, Stolzenfels, Lahnveck, villes et villages, prairies et vignobles, montagnes et rochers, châteaux en ruine et donjons restaurés, histoires et légendes, un des plus curieux amas de merveilles, que le temps et la nature unis à l'art aient pu offrir à l'homme, avaient passé sous mes regards sans que je les visse, pour ainsi dire.

Les yeux de mon cœur étaient plus loin.

Quand Coblence et la citadelle d'Ehrenbreitstein se dessinèrent à l'horizon, mon sang se mit à bouillonner dans mes veines; deux heures me séparaient encore du but de mon voyage. J'avais la fièvre.

L'admirable route qui relie Coblence à la ville

d'Ems se déroula devant moi, comme le reste, presque inaperçue, bien que je la parcourusse à l'heure la plus favorable. Le jour allait tomber. J'avais bien comme une vague idée d'avoir vu le soleil se coucher dans des flots d'or et d'avoir aperçu, s'éteignant derrière les montagnes, l'incendie de nuages qui lui avait fait cortége à son déclin, mais je n'avais point eu conscience de ce que mes yeux seuls avaient regardé. J'avais joui de tout cependant. La nature, et c'est bien en cela qu'elle est une mère, la nature comble jusqu'aux ingrats que ses bienfaits trouvent inattentifs; mon sang s'était calmé sous sa main caressante et je m'étais endormi au souffle rafraîchissant de la petite brise qui avait succédé à la chaleur du jour.

Lorsque je me réveillai, j'étais à Ems. Mon cocher avait jugé à propos de ne s'arrêter qu'à la dernière maison de la ville. Je ne lui avais rien dit, j'étais dans mon tort. Son impassibilité allemande n'avait pas à s'inquiéter de mon sommeil. Or, Ems n'a qu'une rue, cette rue n'a, dans les trois quarts de son parcours, de maisons que d'un côté ; elle est donc fort longue. Il nous fallut presque un quart d'heure pour nous entendre et revenir sur nos pas. Je voulais descendre à l'hôtel d'Angleterre ; il n'y restait plus de place, tout était pris. Mon cocher me proposa de me conduire à l'hôtel de Russie. Je refusai vivement, et, laissant mes bagages au concierge de l'hôtel d'Angleterre, je me mis, à pied, en quête d'un logement.

Ce pouvait bien n'être pas chose facile à trouver. Il était onze heures passées. A cette heure-là, Ems, ville de baigneurs prudents et de sages buveurs d'eau, ville matinale d'ailleurs, est toujours endormie.

Un point brillait encore cependant dans la nuit sombre : le Kursaal.

Par les fenêtres ouvertes, on apercevait de dos les joueurs et leur galerie, silencieusement penchés sur les tables du trente-et-quarante et de la roulette. Ce groupe de muets mis en lumière par le feu des lampes paraissait occupé à quelque besogne maudite. Le tintement de l'or et de l'argent poussé ou ramené par le râteau des croupiers troublait seul le repos de la nuit. Entendu à distance, ce petit bruit sec et métallique avait quelque chose de sinistre. On eût dit le rire méchant du démon des jeux narguant, du fond de son palais, cette tranquille vallée. Les bâtiments du Kursaal, étincelants au dedans et sombres à l'extérieur, avaient pris, dans ce mélange de la lumière et de l'obscurité, des proportions bizarres.

On était tenté de se demander si ce n'était pas, en effet, un pouvoir infernal qui avait fait surgir tout à coup de terre cette maison étrange et ses pâles habitants, et s'il était bien possible qu'à l'aube il pût rester quelque chose de tout cela dans ce calme et charmant pays.

Il semblait que ces beaux lieux, que ces verts gazons, que ces profondes allées d'arbres si propices aux rêveries innocentes, que ces jardins odorants qui bordent la Lahn dans toute la longueur de la ville, que ces monts graves et doux qui abritent le nid délicieux au fond duquel Ems repose fussent les derniers qu'on eût dû choisir comme témoins de l'œuvre ténébreuse qui s'y accomplissait. Le Génie du mal seul avait pu songer à dresser un temple à la plus stérile, à la plus desséchante de toutes les passions humaines dans cette romantique et sentimentale contrée.

J'avais vu vingt fois ces lieux et d'autres de même genre dans ma vie errante.

Au milieu du mouvement de la journée, et de la foule élégante qui se presse dans les villes d'eaux, ils ne sont qu'un détail ; l'éblouissement même des fêtes dont ils s'entourent fait oublier leur destination. On les visite volontiers, on se mêle au flot des promeneurs. Ils ne piquent rien que la curiosité ; on s'étonne que des esprits chagrins aient peint ces brillants palais comme des repaires ; on se demande où ils ont pris leurs noires couleurs, et quel mal peut sortir de ces gais salons ; on sait gré à tout ce luxe d'animer et d'enrichir des déserts ; et, si l'on s'en éloigne, on lui pardonne du moins d'avoir su vous retenir un instant.

Mais, vers le soir, veillant seuls comme une embuscade au milieu d'une contrée endormie, vus comme ils m'apparurent tout à coup, c'est-à-dire réduits à eux-mêmes et dépouillés de tout prestige étranger, vus à l'heure où la lutte entre le joueur haletant et l'impassible banque est un combat sans merci, à l'heure où il ne reste plus guère autour du tapis vert que des malheureux que le besoin poignant ou que la passion aux abois y cloue, où les derniers écus exhalent leurs derniers soupirs, l'illusion est impossible; on sent que là où est le jeu, le reste n'est plus rien, que tout ce qui n'est pas lui n'est que son déguisement, et que c'est, après tout, un vice qui règne et commande en maître dans ces funestes lieux.

Je m'en éloignai rapidement, mais j'essayai en vain de retrouver le calme de mes pensées. Mon cœur s'était serré, il me semblait que ses battements s'étaient arrêtés dans ma poitrine.

Je traversai le joli pont couvert qui mène de la rive droite de la Lahn à sa rive gauche. La pittoresque villa Balzer était encore ouverte, j'eus le bonheur de trouver dans une de ses deux tourelles un appartement que j'avais déjà habité et d'éviter la pénible impression d'une chambre et d'un lit qui me fussent tout à fait étrangers.

XV

RÉVEIL A EMS.

Néanmoins, le sommeil fut lent à venir; je m'endormis et me réveillai tard. Quand je rouvris les yeux, j'avais pour hôte le soleil lui-même, pour hôtesse la lumière radieuse, ennemie des spectres et des cauchemars : où étaient les fantômes de la soirée? J'ouvris ma fenêtre : le fond de la vallée était inondé de claires vapeurs, la Lahn apparaissait au loin comme un long serpent d'argent qu'envelopperait une gaze légère et glissait avec une coquette lenteur entre ses rives fleuries. A ma droite, les roches chevelues de la Bederley se détachaient vigoureusement sur un ciel d'azur. En face, derrière les jardins du Kursaal, les maisons blanches de la ville, symétriquement rangées au pied de Kemmenau, ressemblaient à un ménage tout neuf qu'un enfant fier de son jouet aurait tiré dès le matin de sa boite pour me le faire admirer à mon réveil. Le Kursaal lui-même avait perdu son aspect diabolique et montrait ingénument sa candide façade. « En quoi suis-je si terrible? » semblait-il dire. Son restaurant était, depuis plusieurs heures déjà, ouvert au public; de nombreuses tables rustiques semées sous les arbres étaient occupées par des buveurs de café auxquels les eaux tièdes du Kesselbrunnen, du Kranchen et du Fürstenbrunnen, aidées d'un bon air ultra-matinal, avaient ouvert l'appétit.

L'orchestre que dirige le chef de musique d'un régiment prussien jouait les airs les plus vifs de son excellent répertoire, et le souffle frais du matin m'apportait ses plus brillantes ritournelles. De gaies caravanes de promeneurs, hommes, femmes et enfants, passaient sous le balcon de la tourelle, de mon appartement. Les plus vaillants étaient à pied ; les enfants étaient à cheval sur des ânes ; les autres sur des mulets, la monture favorite des buveurs et des buveuses d'eau, qui, prenant à la lettre les prescriptions des médecins, tremblent de laisser évaporer dans la chaleur de la marche les eaux puissantes dont ils se sont consciencieusement saturés de six à sept heures du matin. Des calèches passaient derrière l'établissement des bains, se dirigeant du côté de la maison du garde d'Oberlahnstein ou de Nassau.

Le Schweizerhaus, le Malberg, la Lindenbach, Kemmenau étaient les buts variés de toutes ces entrées en campagne. Ce besoin universel de locomotion me gagna. Je remerciai Dieu de m'être réveillé trop tard pour aller aux sources du Kurhauss, où j'aurais eu quelque chance de rencontrer le petit Paul et sa mère, et je résolus de prendre d'abord conseil de ce beau jour avant de rien faire pour retrouver leurs traces.

XVI

KEMMENAU. — INSCRIPTIONS DÉCOUVERTES PAR L'AUTEUR SUR LES PAROIS DE LA VIEILLE TOUR. — LE GARDIEN DE LA TOUR.

Je suis bon marcheur; je m'acheminai à pied, pour me donner une tâche sérieuse, vers Kemmenau : c'est la plus rude montée et la plus longue aussi parmi celles qu'on a ménagées aux voyageurs dans les montagnes qui entourent la ville. Il faut dire que le chemin est adorable, qu'on le fait presque toujours sous bois et que, d'ailleurs, l'admirable panorama qu'on découvre quand on est arrivé au sommet vaut, et au delà, la peine qu'on a pu prendre pour s'en procurer la vue.

Il était midi quand je parvins au terme de mon ascension.

J'avais le bonheur de mourir de faim. Pour peu qu'on trouve quelque chose à se mettre sous la dent avant qu'un bonheur comme celui-là ait pris des proportions exagérées, c'en est un réel et que tout le monde a pu apprécier en voyage.

Ma faim me fut une occasion de renouveler connaissance avec le gardien de la vieille tour qui s'élève solitairement sur le plateau, et avec la vielle tour elle-même.

Cette tour de Kemmenau est sans aucun intérêt sérieux pour l'archéologue, bien qu'on fasse remonter son origine à Drusus, qui avait sillonné de ses lignes de défense toutes ces montagnes. Son aspect est des plus pauvres. C'est le seul abri pourtant que le duc de Nassau ait laissé aux voyageurs sur ce point, le plus élevé de son duché. Le rez-de-chaussée sert de cuisine et de cellier ;

le haut, composé d'une chambre unique de forme circulaire, est garni pour tout ameublement de deux tables et de quatre bancs de bois. Il sert à la fois de salle à manger et d'observatoire aux voyageurs. Les murs blancs peints à la chaux sont un carnet tout prêt pour les improvisateurs de tous les pays qui ont, sans compter leur nom, quelque chose à transmettre à la postérité.

J'y ai remarqué cette définition de la femme, signée et datée par un M. Thelesphore Kirch : « Les femmes, c'est un tas de serpents. »

Un vil anonyme avait couché sur un des bancs l'odieuse dénonciation que voici : « Je crois que le commissaire de police d'Ems a une perruque. »

J'en passe, pour arriver à cette inscription sentimentale : « Si j'étais riche, j'achèterais cette vilaine tour, et je la ferais couvrir d'or comme le dôme des Invalides. C'est ici, en mangeant deux œufs à la coque qui étaient un peu durs, que Léocadie m'a dit qu'elle m'aimait. »

Je terminerai cette revue par le beau vers de

Victor Hugo qu'un voyageur philosophe avait laissé sur le châssis d'une des fenêtres :

De tant de pas croisés quel est le but lointain?

On me pardonnera de ne citer ici que des inscriptions françaises. En vrai Parisien, élève de l'université de France que je suis, je n'ai jamais entrepris de savoir que ma langue et j'aurais été incapable de traduire les autres.

J'ai oublié de dire que le gardien de la tour fait un agréable contraste avec son monument. Au lieu de quelque vieil homme ridé qu'on s'attend à voir sortir de ces vieux murs, c'est une fraîche et brave jeune fille très-accorte et très-intelligente, ma foi, qui vous en fait les honneurs.

Je retrouvai avec plaisir à son poste le visage avenant et l'accueil empressé de la bonne Frédérique (*Friederike*).

Frédérique est en même temps le cicerone des touristes curieux de s'instruire qu'attire la beauté du site et la maîtresse d'hôtel de ceux dont l'air des montagnes a creusé l'estomac. Je dois dire que ses talents comme cicerone dépassent ceux qu'elle montre à la Kemmenau comme cuisinière. Elle parle le français et l'anglais avec une véritable facilité, s'exprime avec une vivacité peu allemande et a si peu d'accent, qu'on a peine à reconnaître en elle une fille de la trop grave Germanie. Élevée par un sien oncle, curé d'un village voisin, elle a de l'instruction et, ce qui vaut mieux encore, de l'éducation.

Dans mes précédentes ascensions, Frédérique avait fait d'inutiles efforts pour m'apprendre les noms (1), de prononciation peu facile, de tous les lieux qu'on découvre du haut de la tour ; je ne jugeai pas à propos de mettre de nouveau sa patience et la mienne à l'épreuve et trouvai préférable de n'avoir affaire pour le moment qu'à la maîtresse d'hôtel. Je la priai donc de me pré-

(1) Ces noms se trouvent dans toute leur horreur, mais au milieu de beaucoup d'agréments, dans le livre que M. Méry a publié sur Ems.

parer un déjeuner que j'étais sûr de trouver excellent sur la table de bois où il allait m'être servi et que j'eusse probablement trouvé médiocre chez Véry.

Puis j'allai, pour faire prendre patience à mon estomac, me coucher dans la bruyère.

Voir pour la première fois une chose vraiment belle est bon, mais je ne sais pas si la revoir n'est pas meilleur encore. Quand j'eus retrouvé, à une centaine de pas de la tour, une certaine place dont j'avais fait, à d'autres époques, mon observatoire favori et de laquelle je ne perdais pas un pouce de l'immense éventail qui s'ouvrait à mes pieds, j'oubliai tout et même mon appétit.

XVII

LA BELLE VUE PRÈS DE KEMMENAU.

Je comprends que Dieu n'ait jamais parlé aux hommes que du haut d'une montagne et qu'il n'ait voulu se manifester à Moïse que sur le Sinaï. Ce que je ne comprends pas, ce qui doit être apocryphe, ce sont les éclairs et les tonnerres dont les metteurs en scène de ce fait considérable ont cru devoir le décorer.

Le don que le Très-Haut fit à son prophète des tables de la loi était un acte assez imposant pour qu'il pût se passer de ces accessoires.

Sans avoir contre le tonnerre de parti pris absolu, on me permettra de dire en passant que, selon moi, il est, de toutes les manifestations divines, la plus faible. Le tonnerre, ce n'est que la colère de Dieu, je me trompe, ce n'est que du bruit. Un Dieu tout-puissant ne saurait avoir de colère.

Quoi qu'il en soit, dire que Dieu est plus fort dans sa douceur que dans ses violences ne saurait être une impiété.

La vue d'un de ces splendides spectacles qui se déploient tout à coup sous nos yeux de la cime de certains sommets privilégiés, n'émerveille pas seulement nos regards, elle ravit jusqu'à nos oreilles. Elle n'a pas besoin pour cela du secours relativement vulgaire de la foudre et de la tempête.

Il est certain qu'à toute heure du jour ou de la nuit, les fleuves roulant dans leurs lits, les rivières cheminant dans la plaine, les prés côtoyant les eaux, les bois et les forêts suspendus aux flancs des montagnes, les villes perdues dans le creux des vallées, il est certain que tout cela a un langage pour qui sait le comprendre.

Mais il est une heure de la journée où ce langage prend des proportions surhumaines, et c'est l'heure même où il semble que tous les bruits dont il se compose d'ordinaire se soient éteints peu à peu. C'est l'heure de midi, cette heure chaude des beaux jours où le soleil à son zénith est dans la plénitude de son pouvoir et semble avoir tout réduit à se taire.

C'est du sein de ces mornes extases de la terre embrasée, c'est des confins mêmes de la couche brûlante de l'horizon muet, c'est de ce repos tépide, c'est de cet océan de feux qui semble tout absorber, c'est de ce brasier, c'est de ce silence énorme que s'élèvent, pour les sens délicats, les plus ineffables, les plus mystérieuses harmonies de la nature.

Si, le matin, la terre et les cieux nous racontent la gloire de Dieu ; si, le soir, ils bénissent sa grandeur ; à midi, c'est son amour même qu'ils célèbrent. C'est mieux qu'un langage, c'est un chant divin.

Ce chant, cette musique composée de tous les silences, celui de l'oiseau suspendant ses chansons, celui de l'insecte abandonnant son refrain, du vent retenant son haleine, des eaux arrêtant leurs murmures, de la création tout entière comprimant jusqu'à ses soupirs et se livrant sans voix à la toute-puissance de son Créateur, c'est à coup sûr un écho des hymnes célestes, un avant-goût de ce concert intérieur qui doit faire pour les élus, de l'éternité elle-même, un moment. C'est la plus imposante des symphonies chantée par le plus admirable tableau.

La vérité est que l'impression reçue de ce festival de couleurs, de cet orchestre incandescent, où chaque étincelle lumineuse représente une note et un son, est presque entièrement musicale. On oublie ce qu'on voit pour ce qu'on croit entendre; il est tel effet d'ombre et de lumière qui est l'équivalent de ces grands coups d'archet qui annoncent l'œuvre des maîtres. Ces flammes sonores, ces rayons ont des vibrations, et chacun d'eux semble la corde d'une harpe dont la base serait le monde.

Pour trouver en soi l'analogue de l'émotion qu'on ressent devant ces sublimes spectacles, devant ces grands morceaux d'ensemble, c'est à Mozart et à Beethoven qu'il faut penser plus encore qu'aux maîtres, en cela insuffisants, de la palette et du pinceau. En effet, si ce sont les yeux qui contemplent et qui écoutent, c'est l'âme même qui entend.

« Monsieur, monsieur, me cria Frédérique, votre omelette vous attend; si vous ne venez pas, elle va se refroidir.

» J'ai cru que vous dormiez, ajouta-t-elle en s'approchant tout à fait de ma cachette, et je venais pour vous réveiller. Quel vin voulez-vous?

— Ma foi, ma chère enfant, lui dis-je, vous m'avez réveillé en effet : je dormais tout éveillé et d'un bon somme encore. Donnez-moi le vin que vous voudrez. »

XVIII

CE QUE J'APPRIS DE FRÉDÉRIQUE EN MANGEANT TROIS OMELETTES.

Je grimpai sans me faire prier les quinze ou vingt marches du lourd escalier de maçonnerie qui conduit extérieurement à l'unique étage de la tour, et j'avoue qu'en voyant une omelette bien dorée, couchée proprement dans une assiette bien blanche, sur une nappe très-nette, je trouvai que, même après la belle vue de Kemmenau, le petit panorama qu'elle m'offrait entre mon verre et la bouteille de ru-

12.

desheimer que Frédérique m'avait apportée, n'était pas à dédaigner.

Je me mis à table.

« Combien faut-il d'omelettes à monsieur, aujourd'hui? me dit mon hôtesse quand elle vit la façon dont j'attaquais celle qu'elle venait de me servir.

— Deux encore, lui répondis-je, après celle-là. Mais quand donc vous déciderez-vous, sur la Kemmenau, à avoir une carte un peu plus variée?

— Dame, monsieur, me dit Frédérique d'un air chagrin, ça n'est pas facile, si haut, de varier une carte.

— N'avez-vous pas le village tout près d'ici, pour vous approvisionner?

— Le village! me répondit Frédérique, je n'y ai jamais pu trouver que ce que j'ai à vous offrir : des œufs, du jambon ou des pommes de terre et du lait. »

Elle descendit après cette réponse péremptoire et m'envoya bientôt mon vin et mon second plat.

Quelques minutes après, je la vis reparaître avec le troisième.

Il est bon de dire que, la batterie de cuisine de la Kemmenau se composant en tout d'une poêle unique et trop petite, la pauvre Frédérique était obligée de procéder par unités et de faire trois omelettes pour un, par exemple, faute de pouvoir en faire une seule assez grosse pour trois lorsqu'une demande aussi considérable lui survenait.

Frédérique avait sans doute à cœur de compléter sa réponse au reproche amical que je lui avais adressé, car, au lieu de s'en aller, quand elle eut placé devant moi ma troisième et dernière omelette :

« Il me vient si peu de monde, me dit-elle, que je n'ose pas faire de provisions. Croiriez-vous, monsieur, qu'à l'exception d'une dame et de son enfant que j'ai vus presque tous les jours cette semaine il est vrai, je n'ai pas eu six déjeuners depuis dix jours? Le temps est beau pourtant, et c'est à n'y rien comprendre. Je crois que les cochers n'aiment pas Kemmenau, dont la montée est dure même pour les mulets, et qu'ils détournent les voyageurs d'y venir. C'est cependant la plus belle vue d'Ems.

— Assurément, lui dis-je; mais les croyez-vous capables d'une telle noirceur, ma chère Frédérique?

— De celle-là et de bien d'autres, me répliqua Frédérique. Ils sont méchants et jaloux.

— Jaloux!

— Je m'entends, » dit-elle en souriant.

Puis, reprenant son idée :

« Il n'y a que les Français qui déjeunent, d'ailleurs; les Allemands se contentent de café et les Anglais de thé et de pain beurré. Quant à ce qui est de la dame et de son petit garçon, ce sont, depuis deux ans déjà, des habitués; je les ai vus quelquefois même en hiver, par les beaux jours, et ce n'est pas le peu que j'ai qui les éloignera de ma tour. Avec deux œufs frais et un peu de lait, leur déjeuner est tout de suite fini;

la maman ne mange que pour l'acquit de sa conscience et le petit Paul...

— Le petit Paul! m'écriai-je en sautant sur mon banc, vous avez dit le petit Paul?

— Mais oui, dit Frédérique, le petit Paul.

— Est-ce bien d'une dame en deuil, jeune encore et très-belle, et d'un beau petit garçon de quatre ou cinq ans à peine, en deuil aussi, que vous me parlez, ma chère Frédérique? lui dis-je en essayant de déguiser mon émotion.

— Tiens, me répondit-elle, vous connaissez cette bonne dame?

— Très-peu, mon enfant; mais, si peu que j'aie l'honneur de la connaître, je m'intéresse à elle et au petit Paul. Comment se portent-ils?

— Le petit Paul va très-bien, me répondit Frédérique; il est très-joueur et bien mignon, le cher petit. Tenez, voilà son jeu sur l'autre table. Aussi longtemps que sa mère le lui permet, il joue ici à se faire un jardin avec la terre qu'il va prendre dans la bruyère; quand il en a assez, il va chercher des fleurs; avec sa terre et ses fleurs, il fait ce que vous voyez : ce côté-là, me dit-elle en me montrant du doigt un carré où le petit Paul avait planté des brins d'herbe et quelque bruyère, c'est son parc. Ici, où sont ces petites fleurs bleues, c'est le jardin de sa maman. Ce rond, où vous voyez ce bouchon, c'est ma maison ; le bouchon fait la tour ; enfin, les petites pierres à droite, ce sont les gros rochers de la montagne.

» Chaque fois qu'il s'en va, il me recommande d'avoir soin de son beau jardin et, autant que je le peux, j'empêche qu'on n'y touche. Quand il me vient assez de monde pour que j'aie besoin de la table, je suis bien obligée de le déranger ; mais, après, quand je suis seule, je m'amuse à le refaire.

— Bonne Frédérique ! lui dis-je.

— J'ai bien le temps ! me dit-elle. Quelquefois, sa mère et moi, nous essayons de lui faire des surprises, au cher petit, et, pour voir ce qu'il dira, nous mettons des myrtilles et des fraises, ou des mûres, ou même des bonbons dans son jardin. Mais rien n'étonne les enfants, et le petit Paul dit, en mangeant tranquillement nos surprises, que c'est le bon Dieu qui a fait pousser tout cela pour lui plaire, pendant la nuit.

» Sa mère sourit pendant qu'il joue; mais la pauvre dame est bien faible et sa grande peine se voit sous son sourire.

— Bien faible! dis-je; est-ce qu'elle a été malade? est-ce qu'elle l'est?

— Si elle l'est! me dit Frédérique tout émue, vous le demandez? Vous ne savez donc rien?... Aujourd'hui, elle était blanche comme une morte. J'ai cru que j'allais pleurer de la voir ainsi plus mal encore que de coutume. Après cela, c'est un mauvais jour pour elle. Il y a un an, date pour date, qu'elle a eu le chagrin dont elle ne peut pas se consoler et qu'on a mis son pauvre mari en terre.

» Avez-vous connu son mari? me dit Frédérique après un moment de silence que je n'eus pas la force d'interrompre. Il aimait beaucoup la Kemmenau et y venait souvent. La dernière fois qu'il avait pu sortir, il s'y était fait monter encore dans la voiture de mon cousin, qui est douce, et par ses mulets, qui sont sûrs. Huit jours après, le pauvre monsieur, qui était venu dans notre pays pour y guérir, était mort. Je crois que c'est en souvenir de cette dernière visite que sa veuve revient si souvent me voir, et puis encore parce que, d'ici, mon cousin consent, ce que beaucoup de cochers n'aiment pas faire, à la conduire par les hauteurs à Arzbach.

—A Arzbach! et pourquoi à Arzbach? Parlez donc, ma bonne Frédérique, lui dis-je avec une impatience dont je ne fus pas maître.

— Mais je parle, répondit Frédérique, et si bien, que j'ai peur de vous ennuyer. Je n'ai pas dit autant de paroles qu'aujourd'hui dans tout le mois. Allons, s'écria-t-elle, voilà quelqu'un, il faut que je descende. Je remonterai dès que je pourrai. »

Ce n'est pas sans raison qu'il est devenu banal

de dire que la vie est un voyage. La comparaison est de tout point si exacte, qu'elle méritait de passer à l'état de lieu commun.

Vous courez le monde. La route est facile et fleurie, vos yeux ne rencontrent que riants et gais tableaux. Vous respirez sans fatigue. Vous marchez à votre aise. Le hasard vous précède, la fantaisie vous donne la main, le loisir allége vos pas, la commode insouciance, plus douce et meilleure encore que la gaieté, est, selon le besoin, devant ou derrière vous. L'horizon est bleu, d'ailleurs, et la terre verdoyante. Comme votre cœur, votre esprit est plein de songes et de chansons. Vous ne vous attendrissez en passant sur quelques détails de la route que pour mieux jouir du voyage tout entier. Prenez garde! Un point noir apparait sur le fond d'or de votre ciel; ce n'est rien à l'instant où je parle : faites deux pas encore, c'est la tempête! ce sont la terre et les cieux bouleversés! Le sol a manqué sous vos pas. Un torrent vous ferme la retraite, une montagne se dresse devant vous. Allons, voyageur mon ami, tu es de force à souffrir : à son tour, la douleur est là ! Fais-lui bon accueil, je te prie. Adieu les roses matinales, adieu les fleurs fraîches écloses de ta vie, et courage ! Tu es jeune, sois intrépide ! Des pieds, des mains et du cœur, fais ton devoir, et en avant ! La vie est un assaut. Je ne te le cacherai pas, le mont qui est devant toi, c'est le mont des Olives, celui qu'une fois au moins dans sa vie, tout homme doit avoir gravi ! Courage, courage, te dis-je ! Surtout ne t'avise pas de prier le ciel, quand tu seras là-haut, de détourner de toi la coupe amère. Celui-là seul est un brave qui a vidé sans sourciller son calice. Tu es arrivé enfant aux pieds de cette rude montée, il faut qu'un homme en redescende.

De Baden à Ems, il n'y a pas loin. Les naufrages sont rares entre les rives du Rhin. Les fées terribles des légendes n'habitent plus ses cavernes. Comme Circé, Lorely n'est plus qu'une image du passé. Les burgraves farouches sont morts, les altiers donjons ne sont plus que d'humbles celliers que ferme à peine le cadenas du vigneron. Le grotesque brouillard, les rencontres bourgeoises, les récits comiques, le soleil apparaissant et disparaissant tour à tour pour s'amuser des voyageurs; quelques divagations sentimentales mêlées aux vifs souvenirs d'un passé agréable, l'ascension elle-même de Kemmenau et l'appétit d'un homme à la fois amoureux et bien portant; certes, rien de tout cela n'est tragique! Comment donc expliquer que le simple son de ce mot : ARZBACH, qui frappait mes oreilles pour la première fois, eût retenti tout à coup dans mon âme comme un tocsin d'alarme? Hélas! c'était pour moi le point noir, messager des désastres...

Abandonne-moi, lecteur, si, trompé par la première partie de ce voyage, tu n'as vu en moi qu'un bavard et gai compagnon, courant en train de plaisir à la poursuite d'un oiseau bleu.

SECONDE PARTIE

HISTOIRE DU PETIT PAUL ET FIN DE L'HISTOIRE D'UN HOMME ENRHUMÉ

XIX

RÉCIT DE FRÉDÉRIQUE. — LE PÈRE DU PETIT PAUL. — SA MÈRE. — LA PRIÈRE D'UNE VEUVE.

« C'était un Anglais, me dit Frédérique en reparaissant quelques minutes après. Il ne veut rien et m'a dérangée pour cela. Il n'y a que les Anglais pour se croire tout permis. Il est reparti sans même avoir regardé la vue. Qu'est-ce qu'il est venu faire?

— Vous me parliez d'Arzbach, Frédérique.

— J'y suis, reprit-elle; il y a à Arzbach, dans

une situation très-gaie, une petite église qui fait très-bien où elle est, quoiqu'elle soit délabrée, et tout à l'entour un cimetière qui avait tant plu au pauvre capitaine, qu'il l'avait choisi pour qu'on l'y enterrât.

» On a fait ce qu'il avait désiré... »

Je comprenais les courses à Arzbach.

« Le père du petit Paul était donc capitaine? dis-je à Frédérique.

— Oui, me répondit-elle, capitaine de vaisseau, et ce sont les fatigues de la guerre et une blessure qu'il avait reçue dans une lointaine expédition qu'il eut à commander dans l'océan Glacial qui avaient tant empiré son mal.

» Quand il fut mort, le docteur qui lui avait donné ses soins, voyant que la pauvre veuve ne sortait pas du cimetière, avait exigé qu'elle quittât le pays. Figurez-vous qu'elle passait des journées entières à Arzbach, agenouillée sur la tombe de son mari quand elle se portait bien, assise quand cela allait mal! Une fois là, elle oubliait tout et presque son petit Paul. La servante m'a dit qu'à force d'y rester, elle s'imaginait parfois que celui qui n'était plus pouvait l'entendre et qu'alors elle lui parlait pendant des heures comme s'il eût été là pour lui répondre... Par deux fois on l'a emportée évanouie à la cure, qui heureusement touche au cimetière. Le pauvre petit Paul, las de jouer et de courir à travers les tombes, était venu de lui-même avertir que sa maman s'était endormie et demander qu'on l'aidât à la réveiller.

» Le curé, voyant cela, s'était inquiété et avait ordonné à sa servante d'avoir toujours l'œil sur le cimetière quand la dame était là.

» Pour obéir au docteur, la mère du petit Paul avait, un jour, consenti à quitter Ems et à aller à Baden, qu'elle avait habité avec son mari, avant que le mal qu'il avait les fît venir par ici. Mais la voilà revenue, malgré la défense. Si vous la connaissez, dites-lui donc de se faire une raison, non pour elle qui aimerait mieux mourir, mais pour son petit enfant, qui resterait orphelin. Elle ne sait pas comme elle est malade, bien sûr; sans cela, elle essayerait de se guérir.

» Vous me croirez si vous voulez, poursuivit Frédérique; mais cela m'a fait autant de peine que de plaisir, de la voir arriver. Pour le petit Paul, cela a été tout agrément; il m'a embrassée comme un petit fou. Le cher enfant ne demande qu'à aimer; il a des baisers plein la bouche pour les moindres plaisirs qu'on lui fait.

» Chaque fois qu'il remonte en voiture après leur repas fini : « Quitte donc la tour, me dit-il; viens avec nous à Lichtenthal, c'est encore plus joli qu'ici. » Sa mère aussi m'a demandé plus d'une fois de la suivre. Cela m'a coûté de lui dire : « Non. » Si quelque chose ne me retenait pas, quelque chose et quelqu'un, reprit-elle en rougissant, j'irais où elle voudrait.

— Il est fâcheux que vous ne soyez pas libre, lui répondis-je; vos soins lui seraient bien utiles, ma chère Frédérique, et ce serait une bonne action de rester ainsi auprès d'une malade.

— C'est que, me dit Frédérique, c'est que je suis fiancée... et mon cousin aurait de la peine aussi si je m'en allais, quoiqu'il ait bon cœur pour le petit Paul et sa mère.

» Une femme qui aime tant son mari, c'est encore rare, reprit naïvement Frédérique passant ainsi, sans transition, d'une idée à une autre.

— Mais, lui dis-je non sans rougir du dépit qui me dictait ma réponse, quelle preuve avez-vous donc eue personnellement que cet attachement fût si grand en effet?

— Des preuves! repartit Frédérique avec une extrême vivacité, j'en ai eu cent. J'en ai eu tous les jours. Tout ne disait-il pas quand on regardait le capitaine et sa femme : « Voilà deux êtres qui s'aiment pleinement? » Est-ce qu'une femme dont le cœur est donné, a la figure de la première venue? Pendant la vie du capitaine, les petites choses comme les grandes faisaient voir qu'ils s'aimaient; mais, après, cela a été bien plus frappant encore pour sa pauvre veuve. Elle a eu tout de suite le visage de quelqu'un qui ne vivra plus que de souvenir.

» Tenez, dit-elle, je vais faire une chose que je n'ai pas le droit de faire peut-être, une chose qui n'est pas bien, mais c'est un si grand sacrilége que d'avoir l'air de douter de cet amour plus clair que le soleil, que je veux vous convaincre.

» Un jour, un monsieur de Paris qui voulait faire un livre sur Ems, avait déjeuné là-haut, et, tout en déjeunant, il s'était mis à écrire. Après lui étaient venus, comme toujours, le petit Paul et sa mère. Quand ils furent partis, je montai pour tout ranger. Sous une table, je trouvai un papier couvert d'écriture. Je crus que c'était une feuille du travail du journaliste qu'il avait jetée là comme inutile, et, par curiosité ou par désœuvrement, je me mis à la lire.

» Quand j'eus lu le commencement, je continuai; mais ce n'était plus pour amuser mon temps, c'était par un attrait plus fort que moi; et, bien que ma conscience me le reprochât, j'allai jusqu'au bout. Ce que je lus me parut si bien, cela me fit tant pleurer, cela me montra si visiblement toute la souffrance de la mère du petit Paul, et cela me les a tant fait aimer tous les deux, elle et son enfant, que, bien que ce que j'avais fait fût mal, je n'en eus pas de regret.

» Ce n'était qu'une prière pourtant, la prière d'une femme qui n'a plus celui qu'elle aime et qui dit sa peine au bon Dieu.

» Le papier resté là-haut avec l'encre, après le départ du Français, s'était trouvé sous la main de la mère du petit Paul ; et, pendant que l'enfant dormait, ce qui lui arrivait souvent au milieu de la journée, elle avait cédé sans doute à l'occasion d'écrire, pour elle-même, ce qu'elle ne pouvait dire devant personne.

» Tenez, ajouta Frédérique en tirant une feuille de papier d'un petit livre de prières qu'elle avait toujours dans sa poche, vous pouvez lire ; je ne crois pas qu'il existe un assez méchant homme pour rire de ce qui est écrit là. »

Je n'eus pas la force de refuser la leçon que le hasard m'apportait : je lus donc ce qui va suivre; avec quel trouble! Il serait superflu de le dire.

Au haut de la page, il y avait cette suscription :

MA PRIÈRE A ARZBACH.

L'écriture était d'une main assez ferme et très-rapide; c'était écrit comme une seule phrase et sans rature. Il semblait que la pensée fût venue toute seule se fixer sur le papier, ce n'était qu'un long cri d'amour et de douleur.

« Mon Dieu, s'écriait la noble femme, fais que je reste fidèle à la mémoire de l'ami qui repose sous cette pierre. Fais que je respecte et que je chérisse, dans sa tombe, d'un respect et d'un amour tous les jours plus vifs, l'homme que j'ai honoré et adoré tant qu'il a vécu.

» Préserve-moi, mon Dieu, des faiblesses et des misères qu'on dit attachées à notre pauvre nature. Ne permets pas que je me console jamais d'un deuil si légitime. Accorde-moi que les angoisses de mon veuvage soient en ce monde toute ma félicité.

» Renouvelle tous les jours, ô mon Dieu, la provision de mes larmes; qu'elles soient intarissables! Laisse-moi ma douleur toujours tout entière, pareille toujours à celle de l'heure terrible de la séparation. Garde-moi de souffrir moins parce que j'aurai souffert plus longtemps. Permets-moi d'avoir confiance dans la constance et dans la durée de mon chagrin. Ne t'offense pas que mon seul délice soit de pleurer toujours. Mets dans mes yeux des larmes plus amères encore, plus brûlantes si c'est possible, plus dignes enfin de la grandeur de ma perte. Fais-moi connaître les larmes de sang, que tu as connues toi-même, ô mon Dieu!

» Que ceux-là mentent, Dieu véridique, qui prétendent que le temps apaise tout, qu'il emporte tout, que tout s'use dans la marche des ans! Ne me laisse pas vivre assez d'années pour qu'une ombre se mette entre le souvenir de l'époux que tu m'avais donné et moi. Fais-moi la grâce que je meure plutôt que de voir jamais son image s'obscurcir et mon chagrin m'échapper.

» Épargne-moi enfin, Dieu fort et bon, cet opprobre sans égal de trouver trop grande ma détresse et de m'apercevoir d'une solitude que doit remplir à jamais mon seul désespoir.

» Si j'ai la confusion de n'avoir point suivi au tombeau celui que j'aimais ; si tu m'as forcé de lui survivre ; si, pour m'empêcher de mourir, tu as attaché ma vie à celle de notre enfant, je vivrai donc ; mais aide-moi, grand Dieu ! donne-moi la force d'accomplir ma tâche, et que, quand il me sera permis de m'en aller, je puisse dire au fils, devenu homme, de ton serviteur et de ta servante : « J'ai été digne de ton père, mon » enfant. »

» Je te prie encore, ô mon Dieu, et pardonne à ma faiblesse ce vœu peut-être impie, je te prie que, de là-haut, mon époux soit penché sur cette tombe où je l'ai vu s'abîmer, qu'il voie mes larmes, que pas une ne soit perdue pour lui, qu'elles montent et descendent à la fois jusqu'à lui dans le ciel où tu l'as appelé et sous cette terre qui le recouvre. Il doit être bon, même à tes élus, de se sentir regretté ici-bas ; mais, dût la joie sereine que tu leur réserves là-haut en être troublée, accorde-moi qu'il entende tous mes sanglots, mon Dieu !... »

« Eh bien, me demanda Frédérique, que dites vous de cela?

— Je dis, répondis-je d'une voix que j'essayais en vain de raffermir, je dis que ces lignes sont, en effet, l'expression d'un amour sans bornes et qu'après avoir été aimé ainsi, on peut mourir.

— A la bonne heure, dit Frédérique, si vous pensez ainsi, je n'ai point eu tort de vous laisser voir ce papier. N'osant pas le rendre, je l'ai gardé. Quand on a pensé de si bonnes choses, on ne doit pas être content que cela soit connu.

» Il faut dire pour être juste, ajouta-t-elle, que

le capitaine était le meilleur des hommes et d'une figure qu'il était impossible de ne point aimer.

» Ah ! mon Dieu ! s'écria-t-elle tout à coup, ah ! mon Dieu !...

— Qu'avez-vous, lui dis-je, mon enfant, et quelle idée vous passe par la tête de me regarder avec ces deux yeux effarés ?

— J'ai, reprit Frédérique tout interdite, j'ai que je n'y avais pas encore fait attention, mais que vous lui ressemblez comme deux gouttes d'eau, au pauvre capitaine. C'est à faire croire que c'est lui-même qui est revenu. Est-ce que vous êtes son frère, monsieur Georges ?

— Je n'ai jamais vu le capitaine, et je ne suis pour sa veuve qu'un étranger, répondis-je à Frédérique, elle ignore jusqu'à mon nom. Quand vous la reverrez, promettez-moi de ne pas lui dire que quelqu'un s'est enquis d'elle; vous l'inquiéteriez sans utilité. »

Je savais tout ce que je voulais savoir, je me levai de table, et dis adieu à Frédérique. Mon parti était pris.

Ce brusque départ surprit Frédérique.

« J'ai peur d'avoir trop parlé, me dit-elle en m'interrogeant d'un regard inquiet et méfiant. Mon histoire et la lecture de ce papier vous ont coupé l'appétit.

— Rassurez-vous, lui dis-je, ma chère enfant, vous n'avez rien dit qu'il fallût taire; et, bien que le sujet de notre entretien ait été douloureux, vous m'avez fait grand bien en m'apprenant des choses qu'il était bon que je connusse. Adieu encore et à demain.

— Vous allez à Arzbach, me dit la clairvoyante Frédérique.

— Je ne sais où je vais, » lui répondis-je.

XX

BON COEUR ET BON SENS DE FRÉDÉRIQUE. — ELLE VIENT AVEC MOI A ARZBACH.

Quand je fus à une vingtaine de pas de la tour, je me retournai pour faire de la main un dernier signe d'adieu à Frédérique. Je m'aperçus alors, non sans étonnement, qu'elle était en train de fermer sa porte et qu'elle en mettait les clefs dans sa poche comme si elle se disposait à abandonner la tour.

— Que faites-vous donc? lui dis-je; votre journée finit-elle sitôt aujourd'hui?

— Je fais ce que je dois faire, me répondit Frédérique, dont la figure avait pris tout à coup une expression de gravité et de résolution que je ne lui connaissais pas. Je vais à Arzbach, moi aussi. Je devine tout. N'espérez pas me cacher la vérité. La mère du petit Paul m'a parlé hier de la rencontre pénible, qu'elle avait faite à Baden, d'un monsieur qui ressemblait tant à son défunt mari, que son malheureux petit enfant, qui ne sait pas encore que l'on meurt pour toujours, l'avait pris pour son père. Elle m'a dit le mal que leur avait fait à tous les deux cette rencontre : vous êtes ce monsieur !

» Jusqu'à ce jour, je vous ai cru honnête et bon ; à l'heure qu'il est, je ne sais plus ce que vous êtes, car vous allez à Arzbach, quoique vous disiez le contraire, à Arzbach, où votre vue ne peut faire que du mal.

» Tenez, ajouta Frédérique avec une expression pleine de hauteur et de douleur à la fois, les hommes des villes sont mauvais. Je ne comprends pas que votre esprit ne vous dise pas, à défaut de votre cœur, que, s'il y a parmi nous toutes une femme que les hommes doivent respecter, c'est celle qui pleure, sans vouloir rien entendre, celui d'entre vous que son cœur avait choisi. »

Pour toute réponse, je tendis vivement les deux mains à la noble enfant. Ce n'était plus seulement une petite paysanne à la fois bizarre et naïve que j'avais devant moi, c'était une honnête et vaillante fille, une nature forte et élevée, une vraie femme enfin, ayant le sentiment des droits et des devoirs de son sexe et réclamant pour une autre le respect qu'elle avait la conscience de mériter elle-même.

« Donnez-moi la main, lui dis-je, ma chère Frédérique; je m'étais toujours douté que vous étiez une loyale et intelligente créature, supérieure à votre sort; aujourd'hui, j'en suis sûr et je vous sais gré de vos paroles, bien qu'elles soient dures et injustes pour moi. Si, depuis une quinzaine de jours, cédant à un sentiment qui s'ignorait lui-même à force d'ignorer son objet, j'ai pu mériter en quelque point la triste opinion que vous semblez prendre de moi, je dois dire qu'à mesure que vous parliez et que j'apprenais par vous à bien connaître la personne dont vous me parliez, la lumière se faisait en moi. Je vais à Arzbach, c'est vrai ; mais, rassurez-vous, j'ai toute ma raison, et ce n'est pas le mal que j'y ferai, comme vous l'avez pu craindre, c'est le bien, si le bien est possible.

» Ce que vous m'avez dit de l'état dans lequel se trouve aujourd'hui la veuve du capitaine, m'épouvante. Je ne serai tranquille que quand je l'aurai vue quitter Arzbach, où elle doit être encore, et que votre cousin l'aura ramenée à la ville. Le capitaine devait avoir des parents, des amis dans son pays ; je le saurai par le médecin qui l'a soigné, peut-être par le curé d'Arzbach. S'il faut écrire en Russie, prévenir les personnes qui doivent et peuvent s'intéresser au sort de cette infortunée et de son enfant, je ferai tout cela ; je puis le faire, dis-je à Frédérique, dont je voulais prévenir le dernier soupçon, sans me montrer ni me faire connaître. »

Frédérique m'avait écouté en silence, ses yeux n'avaient pas quitté les miens, on eût dit qu'elle voulait voir si mon regard démentirait mes paroles.

« Soit, me dit-elle, bien que j'aie eu tort et raison tout ensemble, ce que je viens d'écouter me rend ma confiance en vous. Mais j'ai bien peur que vous ne vous trompiez et que rien ne soit possible de ce que vous dites en faveur de la mère ou de l'enfant. Le capitaine et sa femme vivaient comme des gens qui sont seuls au monde, et je crois même, ajouta-t-elle non sans hésitation, je crois qu'ils n'étaient pas aisés. A la mort du capitaine, qui ne pouvait plus marcher depuis longtemps, il était dû bien des courses à mon cousin, et c'est avec un bracelet, que la mère du petit Paul l'a prié de vendre, qu'il a été payé. Je crois qu'il y avait eu de grands malheurs dans cette maison, que le mariage du capitaine avec sa femme n'avait pas convenu à sa famille et que ses parents étaient morts après l'avoir déshérité; car, un jour, la pauvre femme m'a dit, comme si elle avait eu besoin de s'excuser de trop aimer son mari : « Comment me consolerais-je d'avoir perdu celui qui m'avait tout sacrifié ! » Pour tout dire, vers la fin, on sentait leur gêne. Ce matin, madame croyait avoir perdu un petit billet de cinq thalers, et elle qui ne savait pas compter il y a deux ans, elle semblait préoccupée de cette perte. Peut-être bien qu'ils avaient eu d'autres revers encore... Le médecin, un jour, avait dit à madame que l'air de son pays sauverait peut-être son mari; elle était devenue toute pâle, et de grosses larmes avaient roulé de ses yeux : « L'air de son pays, avait elle répondu, l'air de son pays ! mais nous n'avons plus de pays, docteur ! ne répétez pas ce que vous venez de me dire à mon mari. Cela ne ferait qu'ajouter à son mal de lui indiquer un remède qui n'est point à sa disposition. »

— Tout ce que j'entends, dis-je vivement à

Frédérique, ajoute à mes raisons d'aller à Arzbach. Quelque chose me dit que je devrais déjà y être. Le curé a peut-être le secret de cette triste vie, et, si ce que vous pensez est vrai, si mes craintes malheureusement se confirment, notre petit Paul sera bientôt orphelin, et je suppose, ma chère Frédérique, qu'il n'est défendu à personne d'ouvrir les bras à ceux que Dieu lui-même semble abandonner. »

Frédérique se mit à pleurer, et, par un geste qui fut trop prompt pour que je pusse le prévenir, elle porta ma main à ses lèvres.

« Pauvre petit Paul, dit-elle, n'aurai-je à lui offrir que mon chagrin ? »

Après un instant donné à son émotion, la charmante fille releva tout à coup la tête, et, s'essuyant les yeux :

« Allons, dit-elle, il ne s'agit pas de pleurer. En y pensant, j'ai peur à mon tour. La pauvre dame était vraiment très-mal ce matin, nous l'avons presque portée dans sa voiture, mon cousin et moi; elle était trop faible pour y monter toute seule, et Rodolphe m'a dit tout bas qu'il n'irait qu'au petit pas de ses mules; cela l'avait donc frappé aussi. Si cela ne vous déplaît pas, j'irai à Arzbach avec vous.

— Venez, venez vite, lui dis-je, mon enfant! »

XXI

LA ROUTE PAR LES HAUTEURS. — BLASPHÈME. — DESCENTE SUR ARZBACH. — LE CIMETIÈRE. — LA MÈRE DU PETIT PAUL.

Nous marchions en silence, nous suivions un sentier étroit qui domine la crête de la montagne et qui, d'après Frédérique, nous conduisait en ligne droite par les hauteurs à Arzbach. Nous aurions voulu dévorer la distance. Le même poids pesait sur nos pensées.

Nous laissâmes bientôt derrière nous la forêt. Nous vîmes alors s'ouvrir, à droite et à gauche, deux adorables vallées. Tout respirait, tout vivait, tout surabondait sous nos yeux. Jamais contrée plus inopportunément riante et luxuriante n'avait offensé ma vue. J'aurais compris sous mes pas un désert, une terre aride et désolée, mais c'était comme une dérision du sort d'avoir à traverser ainsi un paradis pour aboutir à un cimetière.

« O terre pleine de mort, me disais-je pourquoi cet étalage de vie? »

La richesse de ce beau jour m'indignait. J'eus un instant de folle colère, une sorte d'ivresse contre cette pompe de la nature :

« Forêts orgueilleuses, pensais-je, pourquoi surgissez vous? votre destin n'est-il pas de retomber en poussière? Soleil éphémère, pourquoi t'allumes-tu? Ciel insondable, pourquoi te fais-tu visible à nos yeux si tu n'es que le vide immense? Globe fragile, pourquoi roules-tu triomphalement dans l'espace, toi qui n'es qu'un des plus infimes grains de sable de l'infini, puisque tu dois t'y briser un jour? Matière, fille du néant, pourquoi feins-tu de t'animer? Muette nature, nous diras-tu un jour ton secret et ce qu'il faut penser de cette chimère, de cet accident de la vie? Si Dieu vous a créés pour l'homme, en effet, cieux et terre, comment expliquer votre implacable sérénité devant les misères de votre maître? »

Jusqu'où peut aller le dédain de l'homme pour l'immensité, jusqu'où sa démence? Dieu seul le sait. Mais qu'importent nos cris à son éternité! la feuille qui tombe de l'arbre sous le souffle des vents, la fleur que brise l'orage, le fruit qui se détache de sa tige, ne maudissent pas leur destinée. Pourquoi, moins stoïques, nous plaignons-nous?

« Nous devons approcher, me dit Frédérique. Quand on va par le bas, en passant devant la fonderie d'argent, Arzbach apparait sur une montée, et semble régner sur le pays, mais il n'est que le plus haut point d'une petite vallée inférieure. Nous allons descendre presque à pic sur le village tout à l'heure. Nous ne découvrirons l'église et le cimetière que quand nous serons pour ainsi dire dessus. Nous apercevrons tout de suite alors, derrière les murs du presbytère, qui sont bas, la voiture de mon cousin, si le petit Paul et sa mère ne sont pas encore partis.

» En suivant les haies qui bordent la route de descente, nous ne serons pas aperçus; nous tournerons le cimetière, nous entrerons par la porte opposée à la tombe, et, une fois là, nous pourrons voir sans être vus et porter du secours, s'il le faut, à la pauvre affligée. La tombe du capitaine est derrière une chaire en plein vent que mon oncle, le précédent curé d'Arzbach, avait eu l'idée d'élever il y a longtemps au milieu du cimetière : elle se compose d'un tertre de terre assez haut qui s'appuie au tronc d'un gros arbre; la tête de l'arbre a été taillée en dôme, ses branches ont été dirigées en forme de balustrade et de rampe; tout cela est bien arrangé, on dirait un grand nid avec un escalier. C'est tout feuillage; mon oncle trouvait cela joli et commode pour prêcher en été; on l'écoutait mieux, assis au pied des arbres.

» Placé derrière cette chaire, qui est là comme un gros bouquet, on pourrait entendre tout ce qui se dirait dans le cimetière, une plainte, un soupir même.

» Tiens, dit-elle en s'arrêtant tout court, on dirait qu'on chante sous nos pieds... Qui est-ce qui peut donc chanter si bien par ici? »

Je m'arrêtai pour écouter, comme Frédérique... Un chant, un chant admirable, en effet, montait de la vallée. C'était une splendide et puissante voix de soprano, d'un éclat et d'une suavité incomparables. Les sons et les paroles arrivaient jusqu'à nous, clairs, sonores, limpides et pleins, comme si nous eussions été à deux pas de l'artiste évidemment de premier ordre qui chantait.

Je reconnus, dans les paroles, des vers tirés des *Feuilles d'automne;* mais je n'avais jamais entendu la musique que la voix y avait adaptée. — C'était tout à la fois pieux comme un cantique et large comme un hymne.

Mets ton esprit hors de ce monde,
Mets ton rêve ailleurs qu'ici-bas.
Ta perle n'est pas dans notre onde,
Ton sentier n'est point sous nos pas.

Quand la voix se tut, mon cœur battait avec tant de violence dans ma poitrine, que j'en entendais distinctement les battements.

« C'est elle, dis-je à Frédérique, je suis sûr que c'est elle; prenons garde. Je ne veux pas être vu.

— Elle! me dit Frédérique, je le voudrais bien; mais, outre que je ne l'ai jamais entendue chanter ni même parler de musique, comment se ferait-elle entendre ainsi quand toujours sa voix est si faible, qu'il faut s'approcher d'elle pour la comprendre? »

Je ne répondis pas, l'émotion qui me dominait m'en eût empêché; mais, bien que les paroles de Frédérique fussent propres à détruire mon illusion, il m'en coûtait d'y renoncer.

Nous continuâmes à descendre aussi vite que nous le pûmes et en faisant le moins de bruit possible.

Bientôt la route fit un brusque détour; Arzbach était littéralement sous nos pieds. Le village avait été bâti à quelques centaines de pas au-dessous de l'église et du petit cimetière, qui nous apparut dans la vapeur comme une charmante solitude. Il était si évident que le repos, le vrai repos, devait se trouver dans ce lieu calme et doux, que je compris la préférence que lui avait donnée le capitaine et le désir qu'il avait montré d'y être enterré.

Une éclaircie dans la haie nous découvrit bientôt une seconde fois la petite église. Nous en étions déjà très-rapprochés.

Mes yeux avides cherchaient la mère du petit Paul au milieu des tombes, des croix et des cyprès qui animaient à leur façon ce jardin de la mort, quand la voix qui nous avait déjà ravis se fit de nouveau entendre, plus timbrée, plus ferme encore que la première fois.

Il était impossible de s'y tromper C'était bien du cimetière que partait ce chant merveilleux.

« C'est sans doute quelque célèbre cantatrice à qui la vue du pays et la beauté du temps donne envie de chanter, » me dit tout bas Frédérique.

Je lui fis de la main signe de se taire. Jamais accents humains ne m'avaient si profondément, si surnaturellement remué.

La voix inspirée jetait aux vents cette autre strophe du grand poëte :

Qu'on pense ou qu'on aime,
Sans cesse agité,
Vers un but suprême,
Tout vole emporté.

« Vous aviez raison, s'écria Frédérique toute tremblante, vous aviez raison. Voyez, voyez là-bas, sur cette tombe, à droite de la chaire... Ah! j'ai peur comme en face d'un miracle! »

Mon cœur ne m'avait pas trompé.

Debout auprès de la tombe de son époux, les bras croisés, les yeux levés au ciel, pâle comme l'ange de la mort, immobile comme une statue de la douleur, telle m'apparut, pour la seconde fois, l'être vers lequel je m'étais senti si soudainement, si irrésistiblement entraîné.

Le chant avait cessé, et cependant nous écoutions encore. Jamais silence ne m'avait paru plus solennel. Tout se taisait sur la montagne et dans la vallée. Il semblait que la nature elle-même partageât notre inquiète attente, et voulût laisser l'espace à ces accents.

La voix reprit enfin. Cette fois, c'était moins un chant qu'une sorte de récitatif, grave et lent, d'une majesté singulière. La beauté suprême des paroles, empruntées à un autre livre du même poëte et qu'on eût dit faites pour la situation, rehaussait cette étrange et splendide psalmodie. L'effet que produisait sur nous cette mélopée, d'un caractère à la fois grandiose et lugubre, était tel, que nous demeurions, Frédérique et moi, comme cloués à notre place. Il nous eût été impossible de faire un pas, que dis-je ! un geste, tant qu'elle se fit entendre.

Maintenant, ô mon Dieu ! que j'ai ce calme sombre
De pouvoir désormais
Voir de mes yeux la pierre où je sais que dans l'ombre
Il repose à jamais,

*

Je viens à vous, Seigneur, Père auquel il faut croire ;
Je vous porte, apaisé,
Les morceaux de ce cœur tout plein de votre gloire
Que vous avez brisé.

*

Je ne résiste plus à tout ce qui m'arrive
Par votre volonté ;
L'âme, de deuil en deuil, l'homme, de rive en rive,
Roule à l'éternité.

A mesure que l'hymne funèbre se déroulait dans les airs, la puissance du chant augmentait, et avec sa puissance notre angoisse. Il n'était pas possible que ce développement surnaturel d'un organe humain et, par conséquent, borné, n'amenât pas une crise terrible. C'était sublime et lamentable tout ensemble. Notre stupeur égalait notre involontaire ravissement.

Le chant s'acheva en notes d'une suavité déchirante, on eût dit de mélodieux gémissements. Un cri qui retentira toujours à mon oreille, cri de délivrance ou de désespoir, de joie suprême ou d'ineffable souffrance, qui pourrait le dire? le termina. Ce cri arrêta mon sang dans mes veines et glaça jusqu'à la moelle de mes os; je ne saurais dire au juste ce qui se passa alors. Je me rappelle confusément que je vis apparaître tout d'un coup autour de la tombe un prêtre d'abord, puis des femmes, puis de pauvres paysans accourant curieux ou empressés.

Nous aussi, nous étions arrivés prompts comme la pensée, — hélas! hélas! et trop tard encore...

« Elle est morte! disait le curé.

— Elle est morte! disait le médecin du village.

— Mes frères, prions pour celle dont le malheur vient enfin de finir, » dit le prêtre en s'agenouillant sur la terre.

Tout le monde fit comme lui.

XXII

LA MORT.

Dieu sait que mon âme n'avait jamais attendu de joie du sentiment qui l'avait envahie ; mais, si préparé qu'on soit à la douleur, il est des épreuves qui dépassent la mesure et soulèvent en quelque sorte justement la créature contre son Créateur. La résignation est le pardon accordé par l'homme frappé sans merci au juge dont il ne saurait comprendre la rigueur. La résignation ne saurait être l'œuvre d'un jour.

Mon cœur était donc plus plein d'amertume que de soumission. J'essayai de prier. Mais la révolte était dans mon âme et non la prière.

Je devais être désarmé bientôt pourtant.

Ce ne fut pas sans une sorte de volupté amère que je m'approchai de celle que, vivante, je m'étais promis de fuir à jamais et que j'osai contempler ce qui restait de mon rêve.

Cette vue, prodige étrange, calma soudain l'irritation que j'avais eu tant de peine à contenir. A demi couchée sur la pierre qui recouvrait celui qu'elle avait tant aimé, elle semblait attendre avec confiance qu'il lui rouvrît ses bras. On eût dit la douce muse du regret fidèle recueillant enfin le prix de son dernier soupir. Quand la mort ne marque pas d'un sceau terrible le visage de ceux sur qui s'étend sa main glacée, elle l'illumine d'un rayon vraiment divin. Je n'oublierai jamais les lignes pures, le front puissant et serein de cette belle et noble tête. Le corps frêle et charmant, soutenu et non porté par Frédérique, dont le courage ne se démentait pas, avait encore toutes les grâces et toute la docilité de la vie. Ses yeux, ses grands yeux limpides et profonds comme l'azur, n'étaient point encore fermés, ils avaient conservé entière la lumière de leur dernier regard, ce vague et pénétrant regard qui doit voir enfin de l'autre côté de la vie.

Des larmes coulèrent de mes yeux.

On s'était écarté, on me laissait faire. Chacun vit bien qu'étant le plus malheureux, je ne faisais qu'user de mon droit.

Je fermai d'une main pieuse les yeux de cette sainte, de cette martyre de son cœur trop constant. Aidé de Frédérique, j'étendis doucement son corpe souple et chaud encore sur la dalle qui recouvrait son mari. Ah! il dut en tressaillir dans son tombeau.

Alors, alors seulement la mort commença.

Ces paupières closes à jamais, l'ombre des longs cils qui pour toujours se projetaient sur ses joues pâles, tout cela nous disait à tous que le feu qui avait animé cette beauté était éteint à jamais et qu'il ne nous restait plus là que l'enveloppe d'une âme.

Le prêtre récita les prières des morts.

L'assistance, qui devenait à chaque instant plus nombreuse, répétait après lui les versets sacrés ; puis le corps, porté par Frédérique et par moi, fut déposé dans la nef de la petite église.

J'entendis qu'on disait autour de moi que j'étais le frère du capitaine et, par conséquent, celui de la défunte. On avait raison.

La foule s'écoula lentement. Nous restâmes seuls, enfin, le bon prêtre, Frédérique et moi, dans le cimetière.

XXIII

L'ORPHELIN. — FRÉDÉRIQUE. — CE QUE LE CURÉ D'ARZBACH M'APPRIT DU PÈRE ET DE LA MÈRE DU PETIT PAUL.

« Paul, où est le petit Paul? me dit tout bas Frédérique. Je l'ai cherché des yeux partout, tant je craignais de le voir arriver. Maintenant, dit-elle en fondant en larmes, il faut penser à l'orphelin !

— Je puis lui rendre son père, ma chère Frédérique, et je le lui rendrai. Ceux qui ne sont plus, lisent dans les cœurs des vivants, et je suis sûr que, de là-haut, le père et la mère du petit Paul bénissent ma résolution. »

Frédérique me serra la main.

« Je vous suivrai, dit-elle; je vous suivrai partout. Il faut une mère, il faut une servante à un petit enfant. Mon cousin m'approuvera.

— Merci, lui dis-je à mon tour. Merci, ma chère Frédérique, j'accepte votre sacrifice. »

Satisfaite sur ce point, Frédérique s'inquiéta de ne point entendre le petit Paul.

« Quelqu'un l'aura pris, dit-elle, pour lui ôter la vue de son malheur.

— Rassurez-vous, nous dit le pasteur, qui avait entendu nos discours. Je sais où est votre enfant. »

Frédérique et moi remerciâmes du cœur le bon prêtre d'avoir été le premier après Dieu à nous donner l'orphelin. Nous le suivîmes. Il nous conduisit à la chaire. Le petit Paul s'y était blotti, et endormi! Las de jouer au soleil, il avait cherché l'ombre et trouvé le repos dans la cachette qui lui était habituelle.

« Ce grand nid lui avait toujours plu, » nous dit le curé.

A côté de lui, assis sur les marches de terre qui conduisaient au haut de la chaire, était le cousin de Frédérique, qui, d'accord avec le curé, était venu protéger le sommeil de l'enfant et s'était tenu là, éloignant le bruit et le moment du réveil autant qu'il avait pu.

Frédérique récompensa son fiancé d'un regard attendri. La tête blonde du petit Paul reposait sur les genoux de l'excellent homme. Son sommeil était calme et profond. C'était, d'ailleurs, l'heure de son repos du milieu du jour. Dieu avait épargné à la mère ainsi qu'à l'enfant les étreintes du dernier adieu ; la mort, clémente dans sa barbarie même, les avait séparés sans les avertir.

Un entretien que j'eus le lendemain avec le curé m'apprit que le capitaine lui avait confié qu'il était sans fortune. Exilé à la suite d'un complot dans lequel il s'était trouvé impliqué, ses biens avaient été confisqués. Malade depuis longtemps, il avait peu à peu épuisé toutes ses ressources. Il s'était en outre trouvé, par son mariage, brouillé avec sa famille. Son père, après s'être remarié avec une femme qui le dominait, était mort en le déshéritant. Quant à sa femme, elle était sans fortune personnelle.

« Il paraît, me dit le bon curé, que la femme du capitaine avait été la plus extraordinaire cantatrice de son temps. Le capitaine, qui était lui-même un fort bon musicien, s'était épris d'elle en écoutant ses chants merveilleux, et, comme c'était de tous points une personne irréprochable et accomplie, il l'avait épousée. Il m'a raconté que son mariage avait fait autant de bruit dans le monde des artistes que dans celui de la noblesse. Des deux côtés, on jugeait qu'il y avait eu mésalliance. La célèbre chanteuse Laura W... disparut tout à coup de la scène, le capitaine de son côté donna sa démission. Les journaux firent alors, de ces faits, des récits singuliers ; le capitaine eut grand'peine à empêcher qu'ils ne vinssent sous les yeux de sa femme, qu'ils auraient chagrinée ; il demanda un passe-port pour échapper à ce bruit qui offensait son amour. Mais, au lieu d'un passe-port, il reçut un ordre d'exil pour la Sibérie et n'eut que le temps de fuir avec sa femme le sort qu'on lui réservait.

« Le capitaine était fort en peine de l'avenir de son petit Paul. Dans les derniers temps, il ne pouvait le regarder sans que des larmes qui faisaient mal à voir sur ce mâle visage, vinssent mouiller ses paupières. Il se sentait mourir et pressentait aussi que sa femme ne lui survivrait pas. J'avoue que, bien que la tendresse qui unissait ces deux époux fût extrême, je ne partageais ni ses craintes ni ses illusions sur la toute-puissance des affections terrestres. Mais j'essayais en vain de le rassurer sur ce point. Je l'y trouvais inébranlable. Le jour qui fut celui de sa mort, il me fit appeler à Ems. « C'est à vous, monsieur le curé, me dit-il, c'est à Dieu que je confie ma femme et mon enfant; la mort est redoutable quand on laisse derrière soi une tâche inachevée. Je veux compter sur la Providence ;

mais ses desseins sont bien noirs en ce qui concerne le sort de ces deux infortunés. Ma dernière pensée sera amère, quoi que je fasse. Dieu me la pardonnera, lui qui sait que je sourirais à la mort, si, en me frappant, elle ne frappait pas du même coup cet ange et cet enfant. »

» J'acceptai la tutelle qu'il m'offrit. Dans notre ministère, ajouta le bon pasteur avec une onction dont je ne pus m'empêcher d'admirer la touchante candeur, dans notre ministère, on ne connaît que l'espérance. Je fis de mon mieux pour communiquer ma confiance en Dieu au père et à l'époux mourant. Il me remercia de mes efforts. Un doux et triste sourire passa sur ses lèvres. Il jeta un dernier regard, quel triste regard, monsieur! un regard plein d'une inexprimable tendresse et d'une suprême désolation, à sa femme et à son enfant, et il mourut.

» Mon espoir que Dieu m'aiderait à remplir ma mission ne m'a point trompé, puisqu'il a mis l'orphelin dans votre voie. Pourtant je vous demanderai, avant d'approuver vos vues et de donner les mains à l'adoption que vous projetez, je vous demanderai de vouloir bien réfléchir encore. La tâche que vous allez prendre n'est point l'œuvre d'un jour. C'est un enfant que je vais vous confier, c'est un homme que vous devrez me rendre. Et, moi-même, ne dois-je pas réfléchir aussi, en si grave matière, et, pardonnez-le-moi, m'informer un peu tout d'abord? Ne me reste-t-il pas à savoir si vos forces égalent votre courage? »

Je mis bientôt le digne prêtre à même de tranquilliser sa conscience. Au bout de peu de jours, nous fûmes d'accord sur tous les points. Une tombe modeste réunissait les deux époux. Je quittai Ems à regret, mais je voulus arracher, pour quelque temps au moins, le pauvre Paul à la vue des lieux qui lui rappelaient l'irréparable perte qu'il venait de faire.

XXIV

COMMENT LE DOCTEUR X... DEVINT GRAND-PÈRE.

Le bon docteur X..., mon second père, appelé par moi dès le premier moment, était venu me rejoindre. Il avait pu constater que la mort de la mère de mon petit Paul avait eu pour cause la rupture, rupture inévitable, d'un anévrisme.

Quand il eut vu le petit Paul, quand il eut entendu le cher enfant me demander sa mère, mais en m'appelant son père qu'il croyait enfin revenu, quand il vit ses grâces charmantes, la pitié entra dans son cœur. Il n'eut point le courage de me blâmer de faire pour un autre ce qu'il avait fait pour moi-même et me fit l'honneur de penser que je pourrais suffire à une tâche qui devait demander ma vie tout entière.

« J'aurais fait comme vous, me dit-il, mon cher fils; allons, me voici grand-père! »

Prenant alors l'enfant sur ses genoux et pressant doucement sa jolie tête sur son cœur :

« Si M. Paul se conduit bien, dit-il encore, s'il est intelligent, s'il aime bien son vieux grand-père, je ferai de lui un grand médecin, et, qui plus est, mon héritier. »

Je remerciai et j'embrassai avec effusion mon bon ami, on le pense bien, et je fus effrayé de me sentir presque heureux. Le cœur est un abime; oui, sans doute, mais c'est un abîme que la moindre lueur suffit à éclairer.

« Je le savais bien que, tu étais mon papa, me dit, un matin, le petit Paul; mais, ajouta-t-il plus bas, ne voulant pas blesser le bon docteur sans doute, mais je crois que j'avais oublié grand-père. »

Si Paul eut à pleurer sa mère, et il la pleura, le pauvre enfant, comme pleurent les enfants, c'est-à-dire avec des sanglots subits et désespérés qui suspendaient parfois, mais qui, grâce à Dieu, n'arrêtaient cependant pas tout à fait ses jeux, il crut, du moins, qu'il n'avait qu'elle à pleurer. Jusqu'à présent, je n'ai point eu le courage de détruire une erreur qui nous est si douce à tous les deux. Je suis son père, il est mon fils bien-aimé. Cette paternité où le cœur est pour tout et le devoir pour rien, n'est-elle pas plus pure encore que l'autre?

Frédérique épousa son cousin. Je les attachai l'un et l'autre à mon service. Je dis à mon service, mais le mot n'est pas juste. Ce sont deux amis dévoués que j'ai en eux, et non des serviteurs. Frédérique fut exquise de soins et d'attentions maternelles pour le petit Paul, qui, du reste, avait pour elle une affection presque passionnée. Je n'en étais point jaloux, bien qu'elle fût égale à celle qu'il avait pour moi.

XXV

LE PETIT PAUL.

Nous voyageâmes pendant quelques années. Paul grandit et se fortifia promptement. Il est encore, à l'heure où j'écris, un enfant sans doute, mais on sent déjà qu'il deviendra un homme distingué. Le pronostic du bon docteur sera justifié.

Il a les traits nobles et doux de sa mère, et, en dehors de ses jeux, je retrouve souvent dans les yeux du fils ce regard qui m'avait tant ému dans l'allée de Lichtenthal, et que les anges prêtent quelquefois aux femmes et aux enfants. Il me paye au centuple par le bonheur que je lui donne, ce que l'on appelle, bien à tort, mon sacrifice. Ce n'est point en soi-même qu'il faut placer sa joie. Grâce à lui, grâce à sa mère, j'ai connu enfin l'amour dans ce qu'il a de meilleur et de plus élevé, c'est-à-dire dans tout son désintéressement.

Tous les ans, nous passons une partie de la saison à Baden et à Ems. Je ne veux pas que le souvenir se perde pour lui des lieux où s'est passée son enfance. Le bon curé d'Arzbach n'a point quitté sa petite église. Nos courses sont fréquentes au presbytère et au cimetière.

Pendant longtemps, Paul a espéré que sa mère reviendrait.

« Tu es revenu, toi ! » me disait-il quelquefois.

Mais, depuis quelques mois, l'idée de l'éternité de la mort semble avoir pénétré dans sa jeune âme.

La dernière fois qu'il s'est agenouillé sur

la tombe de sa mère et de son père, il a paru frappé d'y voir deux noms. Son regard noyé de larmes s'est tourné vers moi. Il s'est tu cependant. Son cœur lui a-t-il dit tout ce que je souffrais.

Un jour viendra, hélas! où je devrai aller audevant de ses questions. Ce jour-là, je n'aurai pas la force de parler! Il lira ceci.

Ce n'est pas pour lui, suns doute, que j'ai écrit ce journal, que j'ai rassemblé ces notes, où j'ai tout laissé, même l'inutile. Mais qu'importe? La minutie de ce récit sera garante à ses yeux de son exactitude, et il sera bon peut-être un jour que l'enfant, devenu homme, n'ignore rien des circonstances qui m'ont conduit sur son chemin.

Il restera du moins pour lui de cette lecture, que tout peut être grave en cette vie, même ce qui d'abord s'y présente avec les apparences de la frivolité.

XXVI

JUSTE RETOUR VERS UN PERSONNAGE OUBLIÉ. — AVIS AUX TOURISTES DU RHIN. — LE LAI DE ROLAND. — COMMENT IL FAUT ALLER DE COLOGNE AU DRACKENFELS. — ÉLOGE DES MONTAGNES. — FIN DE L'HISTOIRE DE L'HOMME ENRHUMÉ.

Il a dû t'arriver plus d'une fois, ami lecteur, après avoir tourné le dernier feuillet d'un livre, d'éprouver une sorte de dépit contre l'auteur, qui, après être parvenu, dans le cours de son œuvre, à éveiller ton attention sur un point ou sur un personnage épisodique de cette œuvre, avait omis, à la fin, de conclure soit sur ce point, soit sur ce personnage.

C'est pour t'épargner cet agacement, que j'ai éprouvé maintes fois pour mon compte, que j'ajouterai quelque chose à ce qui précède, et que je placerai ici, sous forme de dernier chapitre, le récit d'une rencontre que j'ai faite dans une de mes courses de l'an passé. Ce récit nous ramènera l'un et l'autre, à travers un courant d'idées moins sombres, vers un personnage qui a brillé dans la première moitié de cette histoire, et qui, à mon avis, mérite de toi comme de moi mieux que l'oubli où nous allions le laisser.

Tout le monde a remarqué, dans le parcours du Rhin, l'admirable point de ce trajet où s'échelonne le gigantesque amphithéâtre des Sept Montagnes. Tout le monde a vu, d'un côté, le Rolandseck, tendrement incliné sur la charmante île de Nonnenwerth, de l'autre, le Drackenfels, fièrement perché sur son rocher et protégeant de son ombre la petite ville de Kœnigswinter. Mais tout le monde n'a pas fait l'ascension du Drackenfels. C'est grand dommage, en vérité !

Les gens qui n'ont vu les bords du Rhin que le nez au vent et les mains dans leur poche, en fumant leur cigare sur le pont des bateaux, ne connaissent d'eux que leurs moindres beautés. C'est à pied, c'est de près qu'il faut voir cette romantique contrée.

Je sais bien que, quand de Paris on arrive à Cologne exprès pour voir le Rhin, le Rhin qui a tenu dans notre verre, on a soif du Rhin ; et j'excuse qu'après avoir admiré la plus interminable des cathédrales, puis dîné à une heure à l'hôtel de Hollande, on ait hâte de gagner l'embarcadère et de juger par soi-même si véritablement, à Cologne comme à Paris, les bateaux vont sur l'eau. Cet empressement est explicable de la part des bourgeois de Paris, les plus ingénus, les plus effarés, les plus provinciaux des touristes. Lorsqu'on n'a vu le monde que de la Bastille à la Madeleine par le carreau d'un omnibus et que, pour tout exploit, on s'est décidé quelquefois à monter sur l'impériale de ces paisibles voitures, on a certes le droit d'être un voyageur novice, mais on a le devoir aussi d'écouter docilement, à l'occasion, un bon avis.

Que mes compatriotes me permettent donc de le leur dire, le trop grand empressement naval qu'ils mettent à quitter terre dès qu'ils ont touché Cologne est une faute.

Les bords du Rhin ne commencent à être intéressants qu'au delà de Bonn, c'est-à-dire en regard même des Sept Montagnes. Au lieu donc de perdre cinq heures pour faire par eau le fastidieux trajet de Cologne à Bonn, ils reprendront à Cologne, s'ils veulent m'en croire, la voie de fer, et en une heure celle-ci les conduira au pied du Rolandseck, au cœur des Sept Montagnes.

Il ne reste plus du manoir de l'amoureux Roland qu'une ogive qu'on dirait l'œil d'un géant mélancolique et borgne, incessamment ouvert sur la contrée. Au lieu de grimper sur le rocher, d'où la vue est médiocre, si on la compare à celle qui les attend au Drackenfels, ils salueront d'un regard attendri le gros bâtiment carré qui s'élève au milieu de l'île de Nonnenwerth et fait face au hameau de Rolandseck.

Ce gros bâtiment a mérité de devenir célèbre. Il fut le couvent de Frauenwerth où mourut une femme fidèle.

Les poëtes, que les légendes sentimentales ont toujours ému, se sont transmis d'âge en âge la dramatique et pourtant naïve histoire du neveu de Charlemagne et de sa belle amie.

Ceux de mes lecteurs, dont je me fais le guide en ce moment, me sauront gré de les arrêter un instant entre l'île et le rocher pour leur dire ce beau conte d'un autre âge.

Un maître au doux langage l'a raconté, expressément pour eux, j'imagine, — puisqu'ils auront la primeur de son récit, — dans ces vers charmants :

LE LAI DE ROLAND

A mon ami J. H.....

L'empereur des Francs, le roi Charlemagne
A mandé vers lui tous ses grands barons,
Pour faire la guerre aux Maures d'Espagne,
Qui sont mécréants, païens et larrons.

*

Le comte Roland prend sa cotte d'armes,
Et sa Durandal et son Olifant;
Près du paladin, Galesinde en larmes
Retient ses sanglots qui vont l'étouffant.

*

« Adieu ; je m'en vais combattre en Espagne ;
» L'empereur vers lui mande ses barons ;
» Garde-moi ta foi pendant la campagne,
» Quand je reviendrai, nous nous marirons. »

*

Sur la haute tour Galesinde monte ;
Mais son fiancé ne vient pas encor.

Elle voit de loin un page du comte.
« Madame, dit-il, votre sire est mort.

*

« Est mort combattant les Maures d'Espagne,
» Qui sont mécréants, païens et larrons;
» L'empereur des Francs, le roi Charlemagne
» A perdu là-bas ses meillenrs barons. »

*

Galesinde, pâle autant qu'une morte,
Sans répondre un mot resta sur le seuil,
Et le lendemain on ferma la porte
Du couvent prochain sur l'amante en deuil.

*

Or, dans Roncevaux, la gorge maudite,
Où par trahison sont morts tant de preux,
Après la bataille un pieux ermite
Aperçut Roland qui rouvrait les yeux.

*

Il avait au poing un tronçon d'épée;
On voyait, fendue au-dessus de lui,
La roche en granit qu'il avait coupée
Et par où les bœufs passent aujourd'hui.

*

Roland, bien pansé, revient à la vie,
Il rentra chez lui plus prompt que le vent.
Mais à son retour il sut que sa mie
Avait pris le deuil au prochain couvent.

*

Lors, sur le sommet d'un roc solitaire
Le comte Roland bâtit une tour,
D'où ses yeux plongeaient dans le monastère,
Qu'il regardait tant que durait le jour.

*

Une fois il vit dans le cimetière
Une tombe neuve, un nouveau cyprès;
Il comprit pourquoi; la nuit tout entière
Il pleura sa mie, et mourut après.

F. Ponsard.

Quoi de plus touchant, je vous prie, que ces chastes souvenirs s'éternisant sous la plume des poëtes et planant d'âge en âge, grâce à eux, sur le lieu même qui les a vus naître?

Après avoir essuyé leurs yeux, que les malheurs du paladin et de Galesinde auront mouillés, mes lecteurs — je les ai supposés à la fois sensibles et pressés — traverseront le fleuve en face de Kœnigswinter. C'est une navigation de cinq minutes, les barquettes du Rhin ont la rapidité des flèches.

Leur débarquement opéré, ils résisteront courageusement à la mine engageante des hôtels de Kœnigswinter, qui se mirent, à la lettre, dans les eaux du Rhin; ils prendront sans plus de retard un guide pour la montagne, et, après une ascension de trois quarts d'heure qu'ils pourront faire à leur gré à pied, à cheval ou à âne, ascension pleine de ravissements et de surprises, ils atteindront la cime même du Drackenfels, c'est-à-dire le point culminant de la contrée. Quelle gloire! et aussi quel plaisir!

Bien que ce ne soit pas l'envie qui m'en manque, je ne décrirai pas ce qu'on voit du haut du Drackenfels; je me bornerai à déclarer que c'est tout bonnement ce qu'on peut contempler de plus véritablement beau sur tout le parcours du Rhin.

Les montagnes ont ceci de bon et de flatteur pour celui qui les gravit, qu'elles l'élèvent en rapetissant le reste de l'univers. Il n'est pas de bourgeois huché sur un rocher qui ne se sente avec quelque fierté un détachement inaccoutumé des choses d'ici-bas et ne se laisse aller à regarder, avec une sorte de mépris stoïque, les royaumes de ce monde croupissant à ses pieds. La terre n'est plus pour lui qu'une mappemonde, les États que des cartes couchées dans la poussière ; c'est pour ses yeux toute une révélation cosmographique, et, s'il en avait le temps, il deviendrait philosophe.

Que si cependant ces considérations d'un ordre supérieur ne suffisaient pas à faire goûter mon conseil, j'y ajouterais, comme détail d'un intérêt décisif, que le voyageur essoufflé et affamé, pour qui un beau site ne perd pas à être contemplé devant un déjeuner confortable, trouvera ce déjeuner dans le vieux nid d'aigle dont je le pousse à faire la découverte.

Au pied de la tour délabrée, sur le roc vif, dans une situation qui, à l'avantage de paraître périlleuse, joint celui d'être très-sûre en réalité, s'élève, entourée de jardins et de terrasses, une charmante et paisible hôtellerie où tout le monde a dû faire le doux rêve de passer quelques semaines.

J'ai parcouru, à l'heure qu'il est, une trentaine de fois peut-être le trajet qui sépare Cologne de Mayence; je n'ai jamais passé à côté du Drackenfels, sans y faire tout à la fois le rêve et le déjeuner dont je parle, que quand je n'ai pu faire autrement.

XXVII

RENCONTRE SUR LE DRAKENFELS. — DÉNOUEMENT PROVIDENTIEL DE L'HISTOIRE DE L'HOMME ENRHUMÉ.

Je n'ai pas besoin de te dire, sans doute, ami lecteur, que c'est sur ce point d'élection que je fis la rencontre qui m'a permis de donner un complément à ce qui, dans mon récit, précède la triste histoire de mon petit Paul.

Quelle que soit ma passion pour les digressions saugrenues, je n'aurais certes pas promené jusque-là ta fatigue, si ce n'eût été le but extrême de notre course.

Le docteur X..., le petit Paul, Frédérique et moi avions une passion égale pour le Drakenfels. L'excellent vin rouge d'Asmannshausen, le bourgogne allemand, les œufs frais, le fin jambon de Mayence, le café très-passable, le kirch exquis, la bière excellente, le maitranck glacé étaient-ils pour autant que le calme extraordinaire et la beauté du lieu dans cette prédilection que montrait mon cher clan pour les excursions dont le but était un déjeuner au Drakenfels, je ne veux point l'analyser. Toujours est-il que, l'an passé, nous fûmes des hôtes assidus de l'hôtellerie de ce magique perchoir.

Un jour, un des plus beaux de la saison, nous étions tous attablés à notre place favorite, sur la petite terrasse qui a été ménagée à l'extrémité du roc derrière la maison. Nous fêtions le soleil, la lumière, la santé, l'air pur, la grandeur du ciel; hélas! nous fêtions la vie, oublieux pour un instant de ses soucis et de ses maux! Le petit Paul, notamment, nageait dans la joie, la splendeur de la journée l'enivrait; il se levait à chaque instant pour venir embrasser soit son grand-père, le bon docteur; soit Frédérique, sa favorite; soit moi, son préféré au fond, j'ose le dire; chacun des regards de ses grands yeux était une caresse pour l'un de nous. Il babillait, il riait, il buvait, il mangeait; c'était un oiseau voltigeant autour de notre table. Nous le trouvions charmant, à l'envi. Un certain verre de maitranck infusé convenablement de l'herbe fraiche et menue qui donne à ce bon breuvage allemand son nom et son arome, verre que le savant docteur avait mélangé prudemment d'un peu trop d'eau, allait mettre le comble à la satisfaction de notre enfant gâté, quand Frédérique me fit remarquer que deux personnes, qui déjeunaient à une table voisine, semblaient fort préoccupées de notre vue. C'était un monsieur et une dame. Le regard du monsieur ne me quittait pas. Fixé sur moi comme une question, il semblait me dire : « Je vous ai vu quelquefois; mais où vous ai-je vu? »

Je ne connaissais pas la dame; c'était une

personne un peu forte, aux traits réguliers et assez fins dans le détail, quoiqu'ils fussent peut-être un peu accentués dans l'ensemble. Elle pouvait bien avoir quarante ans et avait dû être ce qu'on appelle dans la bourgeoisie une très-belle brune. Quant au monsieur, bien que sa figure distinguée et cependant bizarre ne me fût pas inconnue, je faisais de vains efforts pour me rappeler dans quelles circonstances elle m'était déjà apparue. Le souvenir vague qu'elle éveillait en moi n'avait rien de triste toutefois, et j'aurais volontiers souri à celui qui la portait si j'eusse été assuré de ne point tomber dans quelque ridicule quiproquo.

J'allais renoncer à cet inutile examen et oublier cet incident, quand je vis surgir tout à coup devant moi le monsieur même dont la vue m'avait intrigué.

« Pardon, me dit-il, si je vous dérange, monsieur, mais je ne puis résister au désir de savoir si, en croyant vous reconnaître, je ne me trompe pas. Ne voyagiez-vous pas, dans l'été de 18.., à la date du 14 juillet, sur le *Schiller*, un assez beau bateau de la Société des bateaux à vapeur qui vont de Mayence à Coblence?

— Ma foi, lui dis-je, mon cher monsieur, j'ai voyagé souvent sur le Rhin, mais toujours avec peu de méthode et je n'ai pas dans l'esprit la date des courses que j'ai pu faire de Mayence à Coblence.

— Attendez, me dit mon interlocuteur, vos souvenirs vont renaître, je l'espère. Vous rappelez-vous un certain brouillard, une certaine traversée, et un certain monsieur auquel vous aviez le projet de sauver la vie, et dont vous eûtes, dévouement plus rare, l'obligeance d'écouter sans trop d'impatience la déplorable histoire?

— Eh quoi! m'écriai-je étourdiment, vous seriez, vous êtes l'homme enrhumé dont les plaisants malheurs étaient parvenus à m'attendrir?

— Précisément, me dit en souriant mon interlocuteur, et c'est cet intérêt que vous avez bien voulu me montrer, un jour, qui a gravé dans mon cœur le souvenir de notre rencontre, et m'a fait désirer plus d'une fois qu'elle ne fût pas la dernière.

» J'étais, je suis encore l'homme enrhumé; mais, aujourd'hui, j'en ai pris mon parti. Vous m'avez vu triste, il y a quelques années; je suis heureux à présent : c'est ce qui vous a dérouté pour me reconnaître. Vous ne pouviez pas supposer, après ce que je vous ai raconté, que vous pussiez jamais me rencontrer avec une dame, avec une dame encore jeune et belle, ajouta-t-il en jetant un regard de naïf orgueil sur sa compagne. C'est bien moi, pourtant, l'homme désespéré et abandonné d'autrefois, que vous revoyez, et en brillante compagnie, en bonne fortune encore!

— Je vous en félicite, lui dis-je prenant le parti de rire de la rencontre. Vous avez bien fait, après tout, d'oublier votre femme...

— Chut! me fit-il, parlez plus bas! les femmes entendent avec les yeux quand elles ne peuvent pas entendre avec les oreilles, et la mienne en a deux qui en valent quatre, je vous assure.

— Votre femme ! seriez-vous remarié, ou bien la belle personne qui nous regarde, serait-elle, en effet, celle qui, ne pouvant supporter votre infirmité, vous avait abandonné en vous laissant pour adieu une lettre que je n'ai eu garde d'oublier ?

— Précisément.

— Recevez mes compliments de cette heureuse réunion ; votre femme aura réfléchi sans doute, et son bon cœnr...

— Son bon cœur, me répondit, tout en hochant doucement la tête, l'homme enrhumé, oui, sans doute, son bon cœur est pour beaucoup dans ce retour qui m'a rendu le bonheur ; mais Dieu, je dois le reconnaître, y est pour plus encore. Vous m'aviez promis de sa part un miracle. Ce miracle, il l'a fait.

— Vraiment ! lui dis-je.

— Oui, certes, et bien fait, et voici comme. J'étais donc enrhumé du cerveau...

— C'est convenu, lui dis-je essayant de déguiser un peu d'impatience, et vous parliez du nez, et, de ce côté, rien n'est changé. Après?

— Après, répliqua-t-il avec un flegme qui me désarma, après, ma femme, vous vous en souvenez, ne pouvait supporter de m'entendre...

— Eh bien? dis-je.

— Eh bien, reprit-il de cette bonne voix candide et sincère qui autrefois m'avait été au cœur, eh bien, reprit-il, elle ne m'entend plus. Dieu a eu pitié de moi, ma femme est sourde, et ainsi tout est arrangé. »

Et, comme je me taisais :

« N'admirez-vous pas les voies de la Providence? ajouta-t-il. Ne pouvant me guérir, pouvait-elle mieux faire?

— Ma foi, non, lui dis-je en contenant le rire qui me gagnait. La Providence s'est tirée là fort habilement d'affaire. C'est bien trouvé. »

L'homme enrhumé partait le soir même pour retourner à Paris. Il tint à me présenter à sa femme, je me prêtai volontiers à son désir.

» Je lui ai parlé de vous plus d'une fois, me dit-il en me conduisant vers elle. Elle sait que vous avez été le confident de nos chagrins et je l'ai avertie tout à l'heure que je croyais vous avoir enfin retrouvé. »

Nous voyant venir, la femme de l'homme enrhumé fit obligeamment quelques pas vers nous.

« Je suis punie, me dit-elle avec une bonhomie qui ne manquait ni de grâce ni de finesse, je suis punie par où j'ai péché, mais qu'importe? mon excellent mari est heureux. »

Elle me demanda alors la faveur d'embrasser mon petit Paul, qui, sur un signe, accourut lui apporter en rougissant ses deux joues; puis ils prirent congé de moi après que nous eûmes échangé nos adresses, et disparurent bientôt derrière le petit mur de l'hôtel. Nous les aperçûmes encore deux ou trois fois dans les circuits de la route, nous faisant de la main un signe d'adieu amical que je leur rendis de bon cœur.

Paul me dit qu'un déjeuner si dérangé à la

fin ne comptait pas et que je lui en devais un autre où je ne causerais pendant tout le temps qu'avec lui et où je ne ferais aucune rencontre.

Le bon docteur lui-même me gronda un peu. Mon café était froid, j'étais coupable.

On voulut savoir ce qu'avait pu me dire de si long le personnage singulier qui m'avait abordé et ce qu'il était et où je l'avais connu. C'eût été sans fin de le raconter. Je promis à mon ami de l'écrire, et voilà comment il se fait, cher lecteur, que l'histoire de l'homme enrhumé se trouve mêlée sous tes yeux à celle du petit Paul.

Spa, 20 octobre 1858.

FIN

TABLE DES MATIÈRES

PREMIÈRE PARTIE

HISTOIRE D'UN HOMME ENRHUMÉ ET AUTRES HISTOIRES

SECONDE PARTIE

HISTOIRE DU PETIT PAUL ET FIN DE L'HISTOIRE D'UN HOMME ENRHUMÉ

FIN DE LA TABLE

L'ESPRIT EN ANGLETERRE. — Fragments des humoristes anglais, puisés soit dans les livres, soit dans les journaux; recueil d'anecdotes, saillies, bons mots, caractérisant le genre anglais, par Alph. Esquiros . . . . 1 vol.
HISTOIRE DE LA TURQUIE, par Théophile Lavallée. 2e édition, revue et corrigée, et continuée jusqu'au traité de Paris de 1856 . . . . 2 »
HISTOIRE DE SAINT-CYR, par le même. . . . . 2 »
JEAN SANS-PEUR, scènes historiques, par le même. 1 »
VARIÉTÉS LITTÉRAIRES. — Portraits et critiques littéraires, par J. Janin . . . . 2 »
LA VIE DES COMÉDIENS.—Histoire anecdotique du théâtre en France depuis son origine jusqu'à nos jours, par Émile Deschanel . . . . 1 »
HISTOIRE D'UN HOMME ENRHUMÉ et autres histoires (souvenirs d'un voyage de Baden au Drakenfels), par P.-J. Stahl . . . . 1 »
ŒUVRES CHOISIES DE STAHL. (2 séries) . . . . 2 »
LES AMOURS ILLUSTRES, par Louis Martin . . 1 »
LES CAUSES GAIES, par Émile Colombey. . . . 1 »
L'ESPRIT AU THÉATRE, par le même. . . . . 1 »
LES FARCES ET LES FARCEURS, par le même. 1 »
CE QU'ON A DIT DU DUEL, par le même . . . 1 »
LES GUÊPES GAULOISES. — Petite encyclopédie des épigrammes, par Claude Sauvage. . . . . . . 1 »

LA LÉGENDE DES SIÈCLES. 1re série : les PETITES ÉPOPÉES, par Victor Hugo . . . . . . 2 »

ÉDITIONS GRAND IN-8° A 2 COLONNES — FORMAT DU BOUILLET

ENCYCLOPÉDIE DE LA PENSÉE. — Dictionnaire de pensées, maximes, etc., empruntées aux meilleurs écrivains de tous les temps et de tous les pays, par Baude et Larcher. . . . . 15 fr.

DICTIONNAIRE ENCYCLOPÉDIQUE DES ANECDOTES. — Encyclopédie d'anecdotes, de traits d'esprits, saillies, faits curieux, tirés des mémoires, chroniques et journaux de tous les temps, et puisés aux sources mêmes, par une Société de gens de lettres, sous la direction de P.-J. Martin . . . . . 15 fr.

Chacun de ces deux ouvrages se publiera simultanément en 1 vol. format gr. in-8° à 2 colonnes et en 5 vol. in-18.

LIBRAIRIE HACHETTE

COLLECTION HETZEL, ILLUSTRÉE

ÉDITIONS DE LUXE SUR VÉLIN, GRAND IN-8°

LES ROMANS CHAMPÊTRES DE GEORGE SAND (la Mare au diable, François le Champi, la Petite Fadette, Jeanne, les Maitres sonneurs). 3 beaux volumes illustrés par Tony Johannot, 30 fr. — Chaque volume. . . . . 10 fr.

LE VICAIRE DE WAKEFIELD, trad. par Charles Nodier, orné de 10 magnifiques gravures sur acier par Tony Johannot . . . . 10 fr.

WERTHER, traduit par P. Leroux, avec une préface de George Sand, et précédé d'une histoire de Gœthe. — 10 gravures à l'eau-forte (chef-d'œuvre de Tony Johannot). . . . . 10 fr.

HISTOIRE DE PARIS ILLUSTRÉE. — Nouvelle édition revue et corrigée, avec tous les changements nécessités par les transformations du Paris actuel, par Théophile Lavallée. . . . . 10 fr.

GAVARNI. — Œuvres choisies. 4 séries, 40 fr. — Chacune. . . . . 10 fr.

LES ENFANTS. — Recueil de pièces de vers ayant trait à l'enfance, extraites de l'œuvre complète de Victor Hugo; illustrés par Ludwig Richter. . 10 fr.

LE BEAU PÉCOPIN, par Victor Hugo. Édition illustrée. . . . . 10 fr.

VOYAGE OU IL VOUS PLAIRA, par Alfred de Musset et P.-J. Stahl. Nouvelle édition, illustrée de 100 superbes gravures sur bois par Tony Johannot. . . . . 10 fr.

LE NOUVEAU MAGASIN

DES ENFANTS

3 SÉRIES GRAND IN-8°

CHAQUE SÉRIE 10 FR. L'OUVRAGE COMPLET 30 FR.

LES AVENTURES DE TOM POUCE, par P.-J. Stahl; 150 vignettes par Bertall.

TRÉSOR DES FÈVES ET FLEUR DES POIS, par Charles Nodier; 100 vignettes par Tony Johannot.

HISTOIRE DE LA MÈRE MICHEL ET DE SON CHAT, par É. de la Bédollière; 100 vignettes par Lorentz.

VIE DE POLICHINELLE ET SES NOMBREUSES AVENTURES, par Octave Feuillet; 100 vignettes par Bertall.

LA BOUILLIE DE LA COMTESSE BERTHE, par Alex. Dumas; 150 vignettes par Bertall.

HISTOIRE D'UN CASSE-NOISETTE, par Alexandre Dumas; 220 vignettes par Bertall.

LES FÉES DE LA MER, par Alphonse Karr; vignettes par Lorentz.

AVENTURES DU PRINCE CHÈNEVIS, par Léon Gozlan; 100 vignettes par Bertall.

MONSIEUR LE VENT ET MADAME LA PLUIE, par Paul de Musset; 120 vignettes par Gérard Séguin.

LE ROYAUME DES ROSES, par Arsène Houssaye; vignettes par Gérard Séguin.

HISTOIRE DU VÉRITABLE GRIBOUILLE, par George Sand; illustrée par Maurice Sand; gravures de H. Delaville.

LE PRINCE COQUELUCHE, par Édouard Ourliac; 100 vignettes par Gérard Séguin.

LE LIVRE DES PETITS ENFANTS. — Alphabets, Exercices, Fables, Maximes, etc.; orné de 90 vignettes par Meissonnier, Gérard Séguin, etc.

PETITS TABLEAUX DE PARIS

PARIS MARIÉ. *Philosophie de la vie conjugale*, par H. de Balzac, commentée par Gavarni. 1 vol. . 3 fr.

PARIS DANS L'EAU, par Eugène Briffault. 120 vignettes par Bertall. 1 vol. . . . . 3 fr.

PARIS A TABLE, par Eugène Briffault, illustré par Bertall. 1 vol. . . . . 3 fr.

GRANDES ET RICHES ÉDITIONS ILLUSTRÉES

PETIT IN-QUARTO

LE DIABLE A PARIS. — Paris et les Parisiens. — Texte par les principaux littérateurs, vignettes à part avec légendes par Gavarni; vignettes dans le texte par Bertall; vues, monuments, édifices publics et particuliers, lieux célèbres et principaux aspects de Paris, par MM. Français, Champin, Daubigny, Bertrand, etc. 2 vol. . . . 30 fr.

LES ANIMAUX PEINTS PAR EUX-MÊMES. Vignettes par Grandville. Études de mœurs contemporaines, publiées sous la direction de P.-J. Stahl. — 2 séries formant chacune 1 volume. — Chaque volume, renfermant 100 grands sujets et un grand nombre de vignettes. 2 vol. . . . . 30 fr.

L'ouvrage est épuisé et va paraître en une édition de grand luxe.

GAVARNI — ŒUVRES CHOISIES — 5 SÉRIES

L'ouvrage est épuisé et va reparaître en une édition de grand luxe

LES ENFANTS TERRIBLES, LES LORETTES, TRADUCTION EN LANGUE VULGAIRE, LES ACTRICES. 1re série, grand in-8° . . . . 1 vol.
FOURBERIES DE FEMMES, CLICHY, PARIS LE SOIR. 2e série, grand in-8° . . . . 1 »
LE CARNAVAL A PARIS, PARIS LE MATIN, LES ÉTUDIANTS. 3e série, grand in-8° . . . . 1 »
LA VIE DE JEUNE HOMME, LES DÉBARDEURS. 4e série, grand in-8° . . . . 1 »
LES GENS DE PARIS. In-8°. Paraîtront en volumes séparés pour la première fois . . . . 2 »

VICTOR HUGO — ŒUVRES COMPLÈTES

EN VENTE

Éditions Hetzel — Paraissant simultanément

HETZEL ET HOUSSIAUX. 18 vol. in-8° à fr. 5 . . 90 fr.
HETZEL ET HACHETTE. 20 vol. in-18 à fr. 1 . . 20 fr.
HETZEL ET MARESCQ. 4 vol. illustrés à 2 colonnes. 20 fr.
LES CONTEMPLATIONS. 2 vol. in-18 . . . . 6 fr.

GEORGE SAND — ŒUVRES COMPLÈTES

HETZEL ET MARESCQ. 9 vol. illustrés à 2 colonnes. 45 fr.
HETZEL ET LÉYV. 35 vol. in-18, à fr. 1 . . . . . . 35 fr.
HETZEL ET LÉVY. Histoire de ma vie. 10 vol. . . 10 fr.

DE BALZAC. — ŒUVRES COMPLÈTES

HOUSSIAUX (ancienne édition Hetzel). La Comédie humaine. Vignettes par Meissonnier, Tony Johannot, Gavarni, etc. 20 vol. in-8° à fr. 5. . . . . 100 fr.

COLLECTION HETZEL IN-18, A 3 FR.

EN VENTE

Thiers (A.)

HISTOIRE DE LAW . . . . 1 »

Hugo (Victor)

LES ENFANTS (préface de Stahl). . . . . 1 »
LES CONTEMPLATIONS, 3e édition. . . . . . . 2 »

Jancigny (de)

HISTOIRE DE L'INDE (ancienne et moderne) . 1 »

Gautier (Théophile)

HISTOIRE DU THÉATRE. L'art dramatique en France (six séries). . . . . 6 »

Larcher et L. Jullien

LES FEMMES JUGÉES PAR LES BONNES LANGUES. . . . . 1 »
LES HOMMES JUGÉS PAR LES FEMMES . . . 1 »
CE QU'ON A DIT DU MARIAGE ET DU CÉLIBAT . . . . 1 »

BRUXELLES. — TYP. DE Ve J. VAN BUGGENHOUDT,
Rue de Schaerbeek, 12.